Ozongombe mOmbazu ya Kaoko

Cattle Culture of the Kaoko Ovaherero

**Ngungaa Hangara, Jekura U. Kavari &
Ephraim P. K. Tutjavi**

UNAM
PRESS
UNIVERSITY OF NAMIBIA

University of Namibia Press
www.unam.edu.na/unam-press
unampress@unam.na
Private Bag 13301
Windhoek
Namibia

First published:	2020
Cover design:	Jigsaw Graphic Design & Layout
Illustrations:	Witlock Uendjimuna Kamatoto
Maps:	Martin Hipondoka
Copy-editing:	Jekura U. Kavari
Proof-reading:	Zenaune Karirao
Design and layout:	Jigsaw Graphic Design & Layout
Cover photograph:	Hans Sohrada, Ouhave Nguni Stud
Printed by:	John Meinert Printers, Windhoek

ISBN   978-99916-42-53-6

Nombatero yOnguni Breeders' Society of Namibia
nOnguni Cattle Breeders' Society of South Africa

Supported by the Nguni Breeders' Society of Namibia and
Nguni Cattle Breeders' Society of South Africa

Distribution
In Namibia by Namibia Book Market: www.namibiabooks.com
Internationally by the African Books Collective: www.africanbookscollective.com

Omurya/Contents

Embo rokomeho

Embo ndi kari nokuyandja ombango kovivara vyozongombe inḓa ozongwatera inḓa nḓe tjiukwa otjozonguni poo ozosanga porwazo uriri, nungwari oro wina mari tara kounahepero wazo mombazu na mehupo rovature va Namibia ovatenga na imba mbe ri mo nai. Ozongombe ozongwatera nḓa ze na ounahepero ounene tjinene kongaramuinyo, kongorongova na kouzamumwe wovandu va Namibia.

Otutumbo novikunwa ivimwe vyoviṇa mbya ṯunwa tjinene i yomarundurukiro womuinyo wevaverwa mena rouhepe womeva. Tjinenenene, omatumbiro wozo-ngombe ya hungamwa i yomatokero omengi tjinene, mu wo mu mu na ombura ndji ha roko nawa, omahapero womahwa nouhepe wovikurya vyovinamuinyo. Momakaendero womatokero nga otja tji ye ri nai, mape rire nawa kovaṯuta oku-tumba ozongombe nḓa iririra ongaro otja indjo, ozongukutu na wina nḓe ha hepa ovikurya ovingi. Pendje nokutja ozongombe ozongwatera ze munika nawa, ozo wina ze yenenisa ovikaṇena mbyo.

Momaserewondo omengi nga kapita, Ovirumbu ngunda avi hi ye ya muno, ovature ovakwatera aave tumbu ozongombe ozongwatera nḓa nu ozo otji za iririra okukara mongaro yevaverwa ohamukwao na indji. Ovirumbu tji vye ya avi munu kutja ozongombe ozongwatera nḓa ozombi nu wina kaze nonḓengu nu otji vya uta okuyeta ozondwezu zozongombe zomihoko vyarwe ovo nḓu yave nangarasi onḓe ri ozombwa pu inḓa nu ave utu okukondja noutwe tjinene oku-tanaura ozongombe inḓa ozongwatera nozondwezu nḓo. Nungwari kombunda yoruveze ouwa, onḓengu novikaṇena oviwa vyozongombe ozongwatera vya uta okuriyarisa ovini nu ovo opu va kautira okuzesuvera.

Mena ranao, Orutu rwOvatumbazongombe Ozongwatera mOnamibia opu ru yandjera oruvara komatumbiro nomatjiukisiro wouwa wozongombe ozongwatera nḓa. Eṯe otjOvatumbazongombe Ozongwatera mOnamibia matu yandja ondangu onene tjinene kovatjange vembo ndi kondunge ombwa ndji va kaendisa yoku-tjanga embo ndi.

Matu zeri kutja embo ndi nda tjangwa ohunga nozongombe ozombwa nḓa, kari na kupendaparisa ovatumbe vozongombe ozongwatera porwavo, nungwari mari paturura ondjira kovatjange vomihoko poo ovimbumba vyarwe kutja ve ute okutjanga omambo ohunga nounahepero wozongombe ozongwatera mozo-mbazu zavo.

Bruno M. Jordi
Okaṇepo kOrutu rwOvatumbazongombe Ozongwatera mOnamibia
(MOtjiherero, embo rokomeho ndi ra rundururwa i Jekura U. Kavari)

Foreword

This book not only honours the indigenous Sanga/Nguni cattle, but also their cultural and agricultural significance to the previous and present inhabitants of Namibia. The Sanga/Nguni cattle are of great importance to the social, spiritual and economic lives of the Namibian people.

Agriculture in Namibia is one of the most vulnerable sectors to climate change due to the limited availability of water. In particular, cattle farming faces many challenges, which include erratic rainfall, bush encroachment and fodder scarcity. During challenging times like the present, it would be sensible for farmers to choose to farm with cattle that are well adapted, hardy and have low maintenance requirements. The Sanga/Nguni cattle, besides being pleasing to the eye, meet these criteria.

For centuries, prior to the arrival of Europeans, the local inhabitants kept these indigenous (Sanga/Nguni) cattle that were well adapted. Europeans considered these cattle inferior, and imported bulls of exotic cattle breeds to start a large scale campaign to cross-breed the indigenous cattle, but, over time, the advantages and special characteristics of the indigenous cattle came to be appreciated.

This is also the reason why the Nguni Breeders' Society of Namibia supports and promotes their breeding and use. We applaud the authors for the noble idea of writing this book.

May this book about these amazing animals not only inspire future Sanga/Nguni breeders, but also authors from other Namibian groups to publish literature on the cultural significance of indigenous cattle.

Bruno M. Jordi
Member of the Nguni Breeders' Society of Namibia

Embo rOkomeho

Ondando yembo ndi okutjivisa omurese, omusuverangombe nomunanḓero auhe ohunga nongombe mombazu yOvaherero, na wina okukuna ombepo yorusuvero nondangu kongombe otjotjirumatwa tjombazu yetu.

Komeho, ovatjange vembo ndi ve nonḓero yokunyomona nokutunduuza omapwikiro wounongo nondjiviro aihe yomuhoko wetu ohunga nongombe na wina okuṱiza nokukurisa eraka retu nawa ohomonena okupitira momatjangero woviuṋe vyohungiriro ombwa otja kombazu yetu mbi kondja okuzenga tjimanga mouye wanambano.

Ondando yarwe yembo ndi oyokukotora outongatima movature va Namibia nu tjinenenene ovahungire veraka rOtjiherero novatumbangombe mbe tumba poo mbaave tumbu ozongombe ozongwatera za Afrika, inḓa ozonguni nozosanga.

Ondjivisiro aihe ndji ri membo ndi ya wongwa okuza motjimbumba tjovature vehi ra Kaoko mekondwa enene ra Kunene. Embo ndi ri na omaisaneno noma-hungiriro ohunga nozongombe mozondya zeraka rOtjiherero otja tji ri hungirwa i Ovaherero va Kaoko.

Membo ndi kamu nondjivisiro aihe ohunga nozongombe. Ku nao matu vanga okuyandja erakiza kovarese vembo ndi kutja ave ha undjire ko kutja mave yenene okuvaza ozondjivisiro azehe ohunga nozongombe membo ndi. Komurungu, ovatjange vembo va ri nonḓero yokuungurisa oviperendero vyozongombe ozongwatera za Afrika, inḓa ozonguni nozosanga posi kaya ri oupupu okumuna oviperendero vyovivara avihe. Mu nao ovatjange otji va ungurisa oviperendero vyomihoko vyozongombe ovirunga nu oviperendero mbyo vya raisiwa noka-nyose (*). Mousupi uriri, omaungurisiro wembo ndi Okaoko matu hee orukondwa rwehi ra Kaoko nu omikoka vyaro otja tji vya kahururwa mOveta yOmaṱunino wehi rOtjiwangungu, Oveta 5 yOmbura 2002.

Embo ndi matu zeri kutja mari yenene okutunduuza ovatjange varwe okuwonga nokutjanga omambo pekepeke meraka rOtjiherero nokupaturura omakonḓononeno omakoto movyombazu yetu.

Embo ndi twa yandja ku Jonas Uezeturisa Hepute ngu ri onongo nomupiuke movyombazu.

Ngungaa Hangara
Jekura U. Kavari
Ephraim P. K. Tutjavi

Preface

The purpose of this book is to inform the readers, cattle lovers and unseasoned enthusiasts about cattle in the Ovaherero cultural contexts, and in so doing cultivate love and appreciation for our indigenous cattle breeds as our cultural heritage.

Furthermore, the authors hope to encourage the conservation, enhancement and documention of indigenous knowledge about cattle and thus preserve and enrich our language through documenting these fast eroding oral traditions and expressions.

The book also aims at bringing pride back to the Namibian people and in particular to the Otjiherero-speaking community and cattle farmers who are farming or have been farming with the indigenous cattle of Africa, the Sanga (Boo taurus africanus) and Nguni.

All the information in this book has been collected from a group of informants in or from Kaokoland in the Kunene Region. The book lists the vernacular terms in the Otjiherero language that are spoken by the Ovaherero of Kaokoland.

This book does not include all information about cattle. Therefore we want to warn the readers not to expect to find everything about cattle in this book. Additionally, it was the authors' wish to use only photographs of indigenous Sanga and Nguni cattle in the book, but it was not possible to find suitable photographs for all colour coat patterns and thus photographs of mixed breeds have been used and marked with an asterisk (*). In the interests of brevity, in some cases footnotes in Otjiherero with details on cultural information are not translated to English. For convenience and accuracy, in the text we use the term 'Kaokoland', the boundaries of which are defined in the Communal Land Reform Act 5 of 2002.

We hope that this book will encourage other authors to document our cultural heritage and to encourage more academic research as well.

This book is dedicated to Jonas Uezeturisa Hepute who is most devoted to our oral traditions and expressions.

Ngungaa Hangara
Jekura U. Kavari
Ephraim P. K. Tutjavi

Ondangu

Ondangu yetu mai i komundu ngamwa auhe ngwe tu pa ozondjivisiro, mena rokutja nokuhina ombatero yavo embo ndi katja ri tjangwa. Ondangu wina matu yandja kotutu twovatumbangombe, tjinenenene orutu rwovaṯuta imba mbe tumba ozongombe ozongwatera za Afrika inḓa ozonguni nozosanga mbe tu pa oviperendero mbya ungurisiwa membo ndi, na wina ku Antje Otto kokutupa oviperendero vyomakuruhungi wovitjuma noviungurisiwa vyarwe vyOvahimba nOvaherero mbya perenda tjaa ungura mo- National Museum ya Namibia.

Tjinene matu yandja ondangu kovatengwa vehi ra Kaoko morukondwa rwa Kunene mbe tu pa omana wovivara vyozongombe ayehe nge ri membo ndi novo ovo mba:

Jonas Uezeturisa Hepute (Okapembambu)
Uazamo Tjiharuka (Otjekua)
Kaiko Harire (Otjekua)
Komisara Tjiposa (Otjekua)
Jahoka Tjipuiko (Omuangete)
Ndondo Tjiumbua (Otuaṇi)
Burden Jaturire Muharukua (Otjindjerese)
Zebedius Raṯovahimba Muhenje (Onḏera)
Uavindikiza Tjiumbua (Otjiu)
Vasanavehe Ngumbi (Okorosave)
Ngimunene Hindere Kapika (Epembe)

Uondaja Koruhama (Ekamba)
Kombombue Mbahono Musutua (Otjirumbu)
Kauvarua Mbiriko (Otazuma)
Uapaṯana K. Mutambo (Okorosave)
Uauhareka Tjambiru (Omirora)
Kamuhoke Rutjindo (Otjipupa)
Kazera Hepute (Ohamuheke)
Dohodera Tjindunda (Epembe)
Maperiuaje Zakuhu (Ombani)
Tjazuvaka Tjiteo (Outjoue)
Ngapurue Rutjindo (Ovinjange)
Uatjiukua Tjiharuka (Okorosave)
Uarura Musaso (Onḏera)

Matu yandja ondangu onene ku Martin Hipondoka, University of Namibia Geography Department, kokutuperendera oukarata uvari pomikuma mbi xvi no-xvii.

Ku Witlock Uendjimuna Kamatoto matu tja okuhepa koviperendero vyoviṇepo vyozongombe, ozonya novihako mbi we tu perendera.

Wina matu yandja ondangu yapeke kOrupa rwa Unama rwOmapitisiro wOmambo kombatero yokupitisa embo ndi. Matu yandja ondangu onene ko Tjiuee Cleaning Experts cc kombatero yotjimariva komboronganeno ndjaai tara komaseruriro wembo ndi; Onguni Breeders' Society of Namibia na ko Suni e.V (Germany) kombatero yotjimariva komapitisiro wembo ndi.

Acknowledgements

We wish to thank everybody who shared information with us because it would not have been entirely possible without your contribution. Sincere thanks and acknowledgement are extended to the Nguni Cattle Breeders' Societies and individual Nguni and Sanga cattle breeders for sharing photographs used in this book, and to Antje Otto for providing historical photographs of Ovahimba and Ovaherero cultural utensils and items of dress captured during her work at the National Museum of Namibia.

Sincere thanks and acknowledgement are extended to the following individuals from Kaokoland in the Kunene Region of Namibia who provided vernacular names for colours and colour patterns presented in this book. They are:

Jonas Uezeturisa Hepute (Okapembambu)
Uazamo Tjiharuka (Otjekua)
Kaiko Harire (Otjekua)
Komisara Tjiposa (Otjekua)
Jahoka Tjipuiko (Omuangete)
Ndondo Tjiumbua (Otuani)
Burden Jaturire Muharukua (Otjindjerese)
Zebedius Ratovahimba Muhenje (Ondera)
Uavindikiza Tjiumbua (Otjiu)
Vasanavehe Ngumbi (Okorosave)
Ngimunene Hindere Kapika (Epembe)

Uondaja Kurunama (Ekamba)
Kombombue Mbahono Musutua (Otjirumbu)
Kauvarua Mbiriko (Otazuma)
Uapatana K. Mutambo (Okorosave)
Uauhareka Tjambiru (Omirora)
Kamuhoke Rutjindo (Otjipupa)
Kazera Hepute (Ohamuheke)
Dohodera Tjindunda (Epembe)
Maperiuaje Zakuhu (Ombani)
Tjazuvaka Tjiteo (Outjoue)
Ngapurue Rutjindo (Ovinjange)
Uatjiukua Tjiharuka (Okorosave)
Uarura Musaso (Ondera)

We thank Martin Hipondoka, University of Namibia Geography Department, for drawing up the two maps on pages xvi and xvii.

We thank Witlock Uendjimuna Kamatoto for assisting with illustrations of cattle body parts, horn conformations and ear notches.

We also owe a special word of thanks to UNAM Press for publishing this book; to Tjiuee Cleaning Experts cc for sponsoring the book finalization workshop; to the Nguni Breeders' Society of Namibia and to Suni e.V. (Germany) whose generous financial donations contributed towards the production costs of the book.

Ombutiro

Ozongombe orupa orunene rwehupo rOvaherero nu mu nao otje ri ouzeu oku-
twapo ounahepero wongombe kehupo rOmuherero. Ozongombe ze ungurisiwa
movitjitwa pekepeke otja imbi: ze ungurisiwa otjovitunya potukupo nu wina otji-
yarise tjondondo youtumbe nonḓengu yomundu motjiwaṋa. Ozongombe wina ze
parura omaṱunḓu mokuyandja ovikurya komaṱunḓu omengi pekepeke nomaze
wazo nge rungwa mu na otjize ye ungurisiwa i yOvaherero nOvahimba kehi ra
Kaoko okuvava motutu.

Pendje nokurandisiwa okuisapo ouhepe wotjimariva meṱunḓu poo okusetika
ozondovi pekepeke, ozongombe onḓe ungurisiwa okusuta ozomberero ngamwa
mokati kotjiwaṋa (Talavera *et al.*, 2000). Komurungu, ozonduwombe mehi ra
Kaoko ze ṱizirwa okuwondjoza ovaṱi pozonḓiro (Paskin, 1990). Movikando tjiva
ovandu ve pakwa momikova vyozongombe tjinene moruveze ndwa kapita nu
wina ozonya zazo poo oviuru vyazo vi katurikwa pomaendo wovandu ovaingona.
Kongaro yombazu ndji oku kwa za embo indi ondara ndi heya ongombe ndja
kwizikirwa okukaṱa ponḓiro yomuini kutja ma kapakwe momukova wayo.

Ovaherero va yozika ozongombe tjinene ngaa tji va twa ko ovizerika koma-
tumbiro wazo (Gibson, 2009). Ovizerika mbi otji vya kutwa kuna otuzo nu oruzo
aruhe otji ru na ovizerika vyaro ohunga nozongombe nḓu ru ha tumbu (tjinene
ovizerika mbya tjama notjivara nombunguriro yozonya zozongombe) na wina
omariro wonyama nomanwino womaere wazo. Okuhina okukongorera ovizerika
mbya tuwa po i ovakuru ku huhisa omundu nu ovizerika mbi vi haṋika okuza
koruzo nga koruzo (Viehe, 1902, otja tja yarisiwa metjangwa ra Gibson, 1956;
Irle, 1906 na Dannert, 1906).

Ovayandjandjivisiro va za kehi ra Kaoko morukondwa rwa Kunene. Ehi ra
Kaoko nai ndi wira kehi yorukondwa rwa Kunene ri ri koutokero kongurova ya
Namibia nu ri na ounene wo-115,293 km^2 (Smyth, 2017). Ehi ra Kaoko ri muna
ombura ndji runduruka okuza komukato mbu ri komukuro womuronga koutokero.
Okaoko ke ri mokuti onguza nu ke kara nouhepe womeva nangarire kutja ke urisa
otuharwi nokutja ke nonḓonḓu ya Kunene komanene (Smyth, 2017). Onḓonḓu ya
Kunene ondji ri omukoka mbu haṋa Onamibia na Angola. Ombundu ndji za komu-
ronga i ṱuna tjinene komiti mbi hapa morukondwa (Malan, 1995). Morukondwa
rwa Kunene mu hupira ovature 86,865 (Namibia Statistics Agency, 2011) nu
otjihuro ihi Opuwo ootjihuro ohongora morukondwa. Ovayandjandjivisiro membo
ndi ovahungire vozondya zOtjiherero nu va za koutukondwa womatoororero une
mu imbwi ohambombari worukondwa rwa Kunene nu owo mbu ri: okarukondwa
ka Puwo komoukoto wotjihuro, okarukondwa ka Puwo kopendje yotjihuro, okaru-
kondwa ka Pupa nokarukondwa ka Hamuheke (Sesfontein).

Ondando yembo ndi okutjivisa omurese, omusuverangombe nomunandero auhe ngamwa ovivara pekepeke vyozongombe na wina omapeturiro novihako mombazu yOvaherero. Okutona mu imbi, embo ndi otji ra hanewa momakondwa hamboumwe nga:

i)   Ovaherero moututa wozongombe
ii)   Ovivara ovihonapare
iii)   Ovivara ovirunga
iv)   Oviperendero oviweziwa
v)   Ombunguriro nomapeturiro wozonya
vi)   Omana wovihako

Mombii yomana wovivara pekepeke, omana wovivara ya tjangwa mondeto yongo-ngorerasaneno yozondanda. Okutwi akuhe kembo maku yarisa oviune imbi:

i)   Ena rotjivara,
ii)   Omahandjauriro wotjivara,
iii)   Omahandjauriro warwe,
iv)   Oruzo mu mu tumbwa ozongombe zotjivara ho,
v)   Oruzo mu mu zera ozongombe zotjivara ho.

Ovinenge nomahandjauriro warwe wina ya yandjwa kehi mbo.

Ondero yetu okutja embo ndi pendje nokukakara mozonganda zovipwikwa ovi-kuru, ozonganda zomambo na kombanda yovitiha vyoviwongwa ovihuze, ri rire otjiungurisiwa otjinahepero komurese, omusuverangombe novahongwa mbe rihonga eraka rOtjiherero, novirihongwa vyarwe mbya tjama nombazu nehupo rOvaherero.

    Wina ondero yetu okutja embo ndi ri vaze kovature womahi warwe ku ku na ovandu mbe hungira omaraka omakwatera nge hungirwa mOnamibia tjimuna Oangola, Otjauana (Botswana) na Suid Afrika poo mbi nombazu ndja sana koyetu.

Introduction

Cattle form an integral part of the livelihood of the Ovaherero, which is why it is difficult to over-emphasize their importance within the Ovaherero cultural context. Cattle are used in ceremonies, exchanged among kinsmen, form the payment of dowries (bride price), as well as being a symbol of wealth and status. At the same time, cattle provide the bulk of food for a number of families. Butterfat from milk is mixed with red ochre and applied to the skin as a lubricator and sun protection by the Ovahimba and Ovaherero in Kaokoland.

In addition to being sold to meet households' immediate financial needs, cattle are the medium through which nearly all punishments or fines are met (Talavera et al., 2000). Furthermore, oxen in the Kunene Region are reserved for funerary rites (Paskin, 1990). In certain cases, people are buried in cattle hide and the horns are placed on the graveside. This occurred especially in the past when cattle hides were used as the coffins in which Ovaherero were buried. The word *ondara*[1] was derived from this practice.

The Ovaherero attach so much value to their cattle that there is a distinct set of restrictions with respect to the keeping of cattle of particular kinds (Gibson, 2009). These restrictions are linked to the patriclans (*otuzo*). Each patriclan (*oruzo*) has a set of restrictions pertaining to keeping cattle of a particular kind in terms of colour, colouration patterns and horn formations, as well as the eating of their meat or drinking of their milk. Failure to adhere to these restrictions or taboos imposed by the ancestors can result in misfortunes. These taboos differ from patriclan to patriclan (Viehe, 1902, as cited in Gibson, 1956; Irle, 1906; Dannert, 1906).

The informants for this book hail from Kaokoland in the Kunene Region. Kaokoland is located in the north-western part of Namibia and covers a surface area of approximately 115,293 km² (Smyth, 2017). Rainfall varies greatly, depending on the proximity to the western coast. The desert climate is arid and water is scarce despite numerous springs and the Kunene River to the north (Smyth, 2017). The Kunene River in the northern part of the region forms an international border with Angola. Malan (1995) states that the sea fog that travels from the Atlantic is a contributor to the sporadic nature of the region's vegetation. Kunene Region has 86,865 inhabitants (Namibia Statistics Agency, 2011) and the town of Opuwo is the administrative capital of the region. The informants

---

[1] *Ondara* refers to a favourite ox that was reserved for the owner's funeral. In other words, the hide from this ox was assigned to be a coffin for the owner's eventual burial. Grammatically, the word *ondara* is derived from the verb *rara* 'sleep' that symbolically refers to the owner's last rest, or death.

speak Otjiherero dialects and come from four of the seven constituencies of Kunene Region, namely Opuwo Urban, Opuwo Rural, Epupa and Sesfontein.

The purpose of this book is to introduce the reader, cattle lover and unseasoned enthusiast to some of the Otjiherero vernacular names for the variety of colours and patterns, horn shapes and ear notches found in cattle. To achieve this, the book is divided into the following six sections:

i)   *Pastoralism in Ovaherero Society*
ii) *Solid cattle coat colours*
iii) *Colour combinations*
iv) *Additional illustrations of colours and patterns*
v)   *Horn shapes*
vi) *Ear notches*

The vernacular names of various cattle coat colours and patterns are structured alphabetically starting with names of solid colours followed by colour combinations. Each page presents a description of a particular coat colour and pattern with these features:

i)   Vernacular name of colour
ii) Explanation of colour or feature of coat pattern
iii) Further explanation
iv) Patriclans that keep cattle of this colour as totem of that particular patriclan (prescribed patriclans) and
v)   Patriclans that may not keep cattle of this colour as taboo to that particular patriclan (proscribed patriclans).

Additional explanations or comments are presented in the form of footnotes.

It is our wish that this book, apart from finding its way to museums, libraries and coffee table collections, will also prove to be a useful tool in the hands of the cattle lover, enthusiast and students of Otjiherero, sociology and anthropology. It is also our wish that the book will reach the nationals of other countries that share the same indigenous languages and/or cultures with Namibia, such as Angola, Botswana and South Africa.

Okarata/Maps

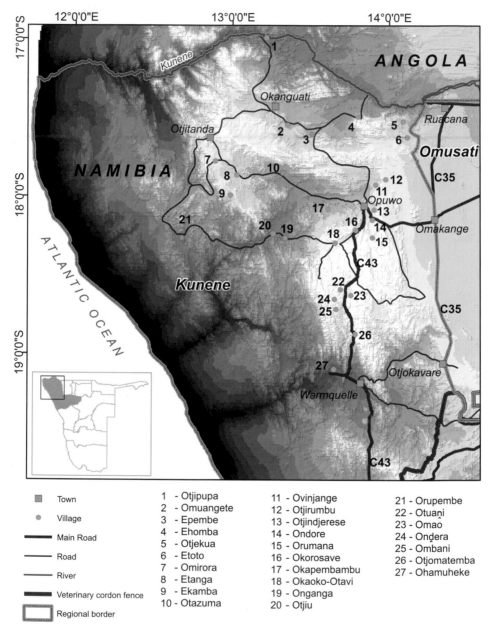

■ Town	
● Village	
▬▬ Main Road	
── Road	
── River	
▬▬ Veterinary cordon fence	
▭ Regional border	

1 - Otjipupa	11 - Ovinjange	21 - Orupembe
2 - Omuangete	12 - Otjirumbu	22 - Otuaṇi
3 - Epembe	13 - Otjindjerese	23 - Omao
4 - Ehomba	14 - Ondore	24 - Oṇdera
5 - Otjekua	15 - Orumana	25 - Ombani
6 - Etoto	16 - Okorosave	26 - Otjomatemba
7 - Omirora	17 - Okapembambu	27 - Ohamuheke
8 - Etanga	18 - Okaoko-Otavi	
9 - Ekamba	19 - Onganga	
10 - Otazuma	20 - Otjiu	

Okakarata 1 Ongoṇḑononeno mekondwa ra Kaoko mai raisa ondeto yovivaro nondjivisiro. Ouhuro nourongo wokozombanda ku kwa tuwa oviraisiro ombya ri ovirongo mu mwa tura ovandu mba ungurisiwa otjozomburo zondjivisiro mongoṇḑononeno ndji.

Map 1 Research area in Kaokoland, Kunene Region, showing towns and villages where the informants live.

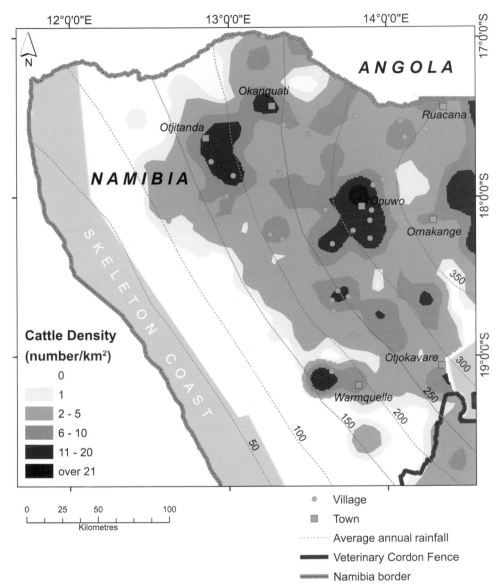

Okakarata 2 Omarundurukiro womarokero wombura nomuzura wozongombe.
Omarundurukiro womarokero wombura mOkaoko maye raisa omaryameno
wokomurungu momakukutiro wokuti ngu maye pikire komukuma woutokero. Ondeto
yondjivisiro okuza ku Mendelsohn, J. Jarvis, A., Roberts, C. na Robertson, T. 2002.
Atlas of Namibia. A Portrait of the Land and its People. Cape Town: David Philip

Map 2 *Variation of rainfall and cattle density*
*Variation of rainfall in Kaoko shows increasing dryness towards the west. Data from
Mendelsohn, J., Jarvis, A., Roberts, C. and Robertson, T. 2002.* Atlas of Namibia. A
Portrait of the Land and its People. *Cape Town: David Philip*

EKONDWA 1
Ovaherero nouṭuta wozongombe

1.1 Omuhoko wOvaherero

Ovaherero iumwe womihoko vyOvambandu mbi turira mOafrika kehi komamuho (Vivelo, 1977) nu u hakwa kutja we ya mOnamibia meserewondo oritjamurongo na hamboumwe (Pool, 1991). Otjingi tjOvaherero ve hupira mOnamibia, ngunda imba ovarwe ave hupira mOtjauana, Suid Afrika na Angola. Ovaherero omuhoko omunene mbu na outupa wovandu mbe hungira ozondya zeraka indi Otjiherero imba Ovaherero, Ovahimba, Ovatjimba, Ovambanderu, Ovazemba nOvakwandu (Gewald, 1998). Pendje nokuhungira ozondya zeraka indi Otjiherero, ovandu imba vc na oviuɲe vyombazu, ongaro nehupo mbya sana (Gewald, 1998). Omihoko imbi vyOvaherero vi hupira mOangola: Ovamucubala, Ovakuvare, Ovazemba, Ovahakawona, Ovatjavikwa, Ovatjimba nOvahimba. Omihoko mbi vi konda omukoka omukonde wehi pokati ka Namibia na Angola novinamuinyo vyavo. Otja ku Vedder (1966, p. 45):

> Omuherero omure, ngwa tungwa nawa, omuhoni motjivara, wozondjise ozoṇḓorozu nu womutongatima.

Ovaherero ovandu ovatumbangombe nu imba va haɲika ku na omihoko vyarwe vyOvambandu mbe kuna ovirya (Drechsler, 1980; Kizza, 2010). Cooker (2001) wa ɲunisa kutja Ovaherero ve hupa mouṭuta wovinamuinyo.

Otja komaserekarerwa wokotjinyo, Ovaherero ve riheya kutja va za komao omanene wa Afrika, nu ve ɲunisa nomambo inga:

> *Ovaherero va za komao omanene wa Afrika.*
> *Va za kehi rotuu tu tu ha kava.*
> *Ovaherero va za kOmbandwa ya Rukombo*
> *Ave ekutura pOkarundu ka Mbeti ka Hamujemua*
> *Ku ka umb' ombunda mezeva aayo ongandu*
> *Ku ke ri peke oongungayou*

Omaheya inga ya pewa oruvara i Vedder (1928: p. 156) metjangwa roo Bollig na Gewald (2000: 10) tja haka kutja:

> *Ovaherero va za komuze wOvahamitika nu ave ṭjindi okuza komao omanene wa Afrika okuya komamuho wa Angola ngaa ṭji ve ekuyanda momuronga imbwi Oatlantika. Okuza mbo Ovaherero otji va konda oṇḓoṇḓu ya Kunene okuhita mOnamibia.*

1

1.2 Ekuruhungi rOzongombe zOvaherero

Hahn (1869) wa yarisa kutja Ovaherero va tumba ozongombe nozonyanda otuwondja omahavarwa. Otja kovivarero, Ovaherero va ri nozongombe nḓe ri kombanda omayovi esere nomirongo vitano (150,000) mombura indji 1890 komurungu yohuurire yOvandoitji (Report on Natives of South West Africa and their Treatment by Germany, 1918). Ovayandje wondjivisiro kepuriro rokutja ozongombe nḓe tumbwa i Ovaherero za za pi, ovo va serekarera kutja:

> Ozongombe ovipuka vyokuti nu vya munikwa i omurumendu Omukwendata wondjuwo onene. Tjiva ve tja ovipuka vya Kahozu ka Mbuti mbya munikwa i Tjiumba. Omurumendu ingwi Omukwendata wondjuwo onene wa ya mokuti nu tje ya perindi ookuṱa (ookuvaza) mozondana zozongombe nḓe ri momuti aza suva. Tji ma munu ozoina maze zire ngwi nu tji za vaza aze utu okunyamisisa ozondana zazo. Omurumendu wa tupuka a yaruka konganda a karaera omukazendu we Omukwendjandje keyanda kokutja wa munu ovipuka ovikozu perindi vyoviwa ovinene mbya tukura. Omukazendu a tja: Ngatu katare kutja ovikevipuka. Tji ve ya perindi tjandje ozondana ze ri metako romuti (ze ri kehi yomuti), ozoina za karya. Omurumendu a urikire omukazendu ovipuka mbya munu nu tjimanga ovipuka avi kotoka okuza komaryo nu avi utu okunyamisisa ozondana zavyo. Omukazendu a yandja ondunge komurumendu kutja nga toore okakuva ve konde ouso ve umbe ongondoroka (tu ungure otjunda). Tji mave umbu otjunda ozongombe tjandje kaze nokutupuka. Tji va mana okuumba ouso ave hitisa ozongombe nḓa motjunda nu tji mave ṱunu komuii mamu piti omaihi omavapa nu omurumendu a kanda kombunda aye worisa okurira omaere. Imbo oopu pa za onduko yozongombe.

Komurungu yohuurire, Ovaherero aave tumbu ozongombe ozongwatera za Afrika inḓa ozosanga nḓe na ovivara pekepeke. Ovatjange ovengi va haṋika moumune momaisaneno womihoko vyozongombe inḓa ozosanga (Oosthuizen, 1996). Embo indi sanga ondi ungurisiwa ouparanga okukuramenapo ozongombe inḓa ozongwatera za Afrika (Poland na Hammond-Tooke, 2003). Komunda imbwi owe Armstrong (1984) wa yarisa kutja kape na ombangu onene pokati koumuhoko pekepeke wozongombe inḓa ozosanga kokutja ze rire omihoko ku vyo ovini kutja azehe ze na omana ngu ze isanewa otja motukondwa nomahi pekepeke. Mu nao okuisako ombambaukire momaisaneno, Armstrong (1984) opa ningira kutja ozongombe azehe inḓa ozongwatera za Afrika ngaze isanewe kutja ozosanga pu na ena etjoziwa okuyarisa omuze poo orukondwa (*ecotype*) ku ze kara. Armstrong (1984) wa yarisa ozongombe inḓa Ozoafrikaner, Nguni, Pedi, Venda, Ladim za Mosambika, Nkone za Zimbabwe, Ovambo, Kavango, Botswana nozongombe za Caprivi otjoumuhoko kehi yomuhoko omunene imbwi osanga mOafrika kehi komamuho. Munda imbwi owao, Poland na Hammond-Tooke (2003) va yarisa ozongombe inḓa Ozonguni, Pedi, Ovambo nozoAfrikaner otjoumuhoko mbu wira kehi yosanga. Plug na De Wet (1994) va hitisa ozongombe inḓa Ozotswana, Damara, Ovambo, Nama, Nguni, Bapedi, Basotho nOzobolowane otjoumuhoko mbu wira kehi yosanga. Scholtz (2011) wa pitasana noumune wovakwao mena rokutja eye wa hitisa ozongombe inḓa Ozoswazi, Pedi, Shangaan, Venda, Zulu, Kaoko, Ovambo, Kavango, Caprivi, Mashona, Nkone, Tswana, Barotse nOzolandim kehi yonguni.

Ozongombe ozongwatera za Afrika inḓa ozosanga ozongukutu nu kaze tira ourumbu, kaze kamburwa i omitjise nozongupa oupupu, na wina kaze tira oupyu (Van de Pypekamp, 2013; Oosthuizen, 1996). Ovakonḓonone va konḓonona ouparanga nokuyarisa kutja ozongombe nḓa ze yenena okuhupa nokutumbara (kwatasana) kehi yongaro onḓeu yomaryo nomuinyo weyuru nu ovikaṋena mbi vya konḓononwa ouparanga (Curson, 1936; Curson & Thornton, 1936; Brown, 1959; Maule, 1973; Barnard & Venter, 1983; Scholtz et al., 1991). Wina ovakonḓonone va yarisa kutja otjingi tjozongombe mOafrika ze ṱa i ozongupa nomitjise mbi yetwa i ozongupa (Scholtz et al., 1991; Oosthuizen, 1996) posi ya ozongombe ozongwatera za Afrika inḓa ozosanga ze na omuano wokuritjurura komitjise mbi yetwa i ozongupa (Brown, 1959; Spickett & Scholtz, 1985; Schoeman, 1989; Scholtz et al., 1991).

Ozongombe ozongwatera za Afrika nḓa kaze tira oupyu mena rombunguriro yomikova vyazo nomainya wazo omasupi (Van de Pypekamp, 2013). Wina pa yarisiwa kutja omikova vyazo vi yenena okuyakura ozohanya zeyuva nokuhina oumba (Oosthuizen, 1996).

Munda worukwato, ozongombe ozongwatera za Afrika nḓa ze na orukwato rokombanda nu ze kwata oupupu mena rokukwata outana outiṱi motutu. Ongombe osanga i yenena okukwata ozondana omurongo ngaa komurongo na mbari moure womuinyo wayo ngunda amai hupire kehi yongaro onḓeu yomaryo nomuinyo weyuru (Oosthuizen, 1996). Ongonḓononeno ya yarisa kutja ozongombe inḓa ozonguni nḓe ri omuhoko umwe kehi yomuhoko omunene imbwi osanga ze kwata ozondana ozengi moure womuinyo wazo okukapita ozongombe inḓa ozonene motutu zouye wopendje (Van de Pypekamp, 2013).

1.3 Ozongombe mehupo rOvaherero

Ozongombe orupa orunene rwehupo rOvaherero nu mu nao otje ri ouzeu okutwapo ounahepero wongombe kehupo rOmuherero. Omuherero u yandja orutu rwe, omasa we nomuinyo we komatumbiro nondjeverero yozongombe ze (Vedder, 1934: 46). Imbi mavi zeuparisiwa i omuṱanḓu wotjirongo ihi Otjindjerese meṋe ya Puwo mehi ra Kaoko:

Ookomuzorond' okavanda
Ngwa horek' ozongombe
Na yandja omuinyo kovazepe

3

Ozongombe ze ungurisiwa movitjitwa pekepeke otja imbi: ze ungurisiwa otjovitunya potukupo nu wina otjiyarise tjondondo youtumbe nonḏengu yomundu motjiwaṋa. Ozongombe ze tundumanisa omuniazo mokati kotjiwaṋa (Herskovits, 1930: 70). Ozongombe wina ze parura omaṯunḏu mokuyandja ovikurya komaṯunḏu omengi pekepeke nomaze wazo onge rungwa mu na otjize tji tji ungurisiwa i yOvaherero nOvahimba kehi ra Kaoko okuvava motutu.

Pendje nokurandisiwa okuisapo ouhepe wotjimariva meṯunḏu poo okusetika ozondovi pekepeke, ozongombe onḏe ungurisiwa okusuta ozomberero ngamwa mokati kotjiwaṋa (Talavera et al., 2000). Komurungu, ozonduwombe mehi ra Kaoko ze ṯizirwa okuwondjoza ovaṯi pozonḏiro (Paskin, 1990). Movikando tjiva ovandu ve pakwa momikova vyozongombe tjinene moruveze ndwa kapita nu wina ozonya zazo poo oviuru vyazo vi katurikwa pomaendo wovandu ovaingona.

Ovaherero va yozika ozongombe tjinene nandarire kutja kaave ṯiza oma-tjangwa ohunga nozongombe zavo nokunyosa ko omiriro morukapitaveze (Bollig na Gewald, 2000). Ovaherero ve ungurisa oviuṋe tjimuna ovivara vyozongombe okuhaṋa kutja ongombe oyauṋe poo oyotjiwaṋa tjiṋe. Viehe (1897) wa tamuna ovivara pekepeke vyozongombe. Otjotjiuṋe tjapeke, Ovaherero ve nomirari omikukutu novizerika mbya tjama nomatumbiro wozongombe (Gibson, 2009). Ovizerika mbi otji vya kutwa kuna otuzo nu oruzo aruhe otji ru na ovizerika vyaro ohunga nozongombe nḏu ru ha tumbu (tjinene ovizerika mbya tjama notjivara nombunguriro yozonya zozongombe) na wina omariro wonyama nomanwino womaere wazo. Okuhina okukongorera ovizerika mbya tuwa po i ovakuru ku huhisa omundu nu ovizerika mbi vi haṋika okuza koruzo nga koruzo (Hangara, 2017; Viehe, 1902, otja tji pa yarisiwa metjangwa ra Gibson, 1956; Irle, 1906 na Dannert, 1906).

Ovaherero ve nomiṯanḏu nomitjazi mbi ri omizeu okuzuvakwa i omundu ngu ha hungire Otjiherero, nu mu nao oviuṋe ovingi vi pandjara omundu tji mo toroka poo tji mo isa omiṯanḏu nomitjazi okuza keraka rimwe okutwara ku rarwe (Oosthuizen, 1996).

Omiṯanḏu nomitjazi vya sana kovitjatise mbi tuwa movikurya nu omundu ngu ungurisa omiṯanḏu nomitjazi u varwa otjomuhungire wondondo yapeke. Otjirongo poo oruveze aruhe pu pa turire Ovaherero ru na omuṯanḏu poo omiṯanḏu mbi tjiukwa i otjingi tjotjiwana (Förster, 2005). Ozongombe onḏe hongorera po nu za handjauka tjinene momiṯanḏu vyovirongo. Omiṯanḏu vyovirongo vi yarisa ovitjitwa ovinahepero mbya tjitirwa poruveze ndo, poo oviwaṋa mbya turire poru-veze ndo poo ovandu ovaheṋendu mba kwaterwa poo mba pakwa poruveze ndo (Förster, 2005).

Ongombe otjipuka otjihuze kOvaherero nu tja pewa ondengero onene. Ohly (1990) wa pitisa omuṯanḏu mbwi ohunga nozongombe nu mbwa ongwa i Jekura U Kavari:

Hakuti na Kombango
Tjitwerangama na Kuundja
Tjerihunga wamukaa Kanguati

Ozombati ozombambaro
Omaambi ovihupuro
Ozondwezu nḓa kateer'
Omuti ohimbo orupapa
Kongombe ya Tjambi orupera
Ozondwezu nḓa muniku Kangundumane
KOvihaemwa vyamukaa Tjombe
KOvikurunguma vyamukaa Tjombe
Mbi ha emwa ozongombe
Aza taur' ongoro
Aza nu amaze ziz' omeva
Kozondjeo oozondjamba
KOvivapaombe nḓa harer' okuṱ' erambu
Ombura kEtoneno arire tji ya rok' omundjororo

Membo nda woronganisiwa i Kamupingene (1985), omutengwa G. N, Mate wa tjanga omuimbo ohunga nozongombe wena "Ozongombe":

Noruveze noupore nawa
Ayo kaze na ku maze i
Tjinga amaze tjiwa,
Okunyonganyonga okuyenda ku mo i
Otjomueme komahozu e ri nḓe nonyota,
Onḓe nomazumo omatwezu
Nonḓu maze yoora otja nḓe nondjara

Omutengwa E. U. Ngurunjoka membo ra Kamupingene (1985) wa tjanga omuimbo ohunga nozongombe wena "Muniazo":

Ozombaranga nomariva,
Kaze tumbirwa mumwe.
Nombani ye meke
Nekori rongwe
Kongotwe yorupatambwindja rwe.

Ozombahozu nozombahiona
Muniazo u na zo
Ozosazu nozosaona
Ozombotozu nozombotoona
Muniazo u tumbira peke.

Ra i ra karekareka
KooHengua na Ngore,
Ozohanya zaro
Maze keṇakeṇisa ozonya zazo,
Kaze tumbirwa mumwe Muniazo.

5

1.4 Ounahepero wOzongombe kongorongova yOmuherero

Ozongombe za hupisa Omuherero koure wozombura nu ovayandje wondjivisiro kepuriro rokutja ongombe i ṯuna vi kehupo rOmuherero, ovo va zira mosaneno yomuimbo amave tja:

Ongombe omuinyo wOmuherero
Omuatje wOmuherero u kurisiw' ongombe
Omuherero ke na tjiṇa tje imbirahi kongombe
Ongombe i tu pa outumbe noutongatima
Ongombe i tu pa otjimariva

Omaihi, onyama nomaze

Ozongombe ze parura omaṯunḏu wOvaherero mokuyandja ovikurya mosaneno yomaere, omaze nonyama. Omaere ye nuwa pevapayuva nu omuhuka auhe omaere ye twarewa pokuruwo okukamakerwa kutja ovandu varwe ve nwe. Ovaherero ve na ovizerika ovikoto mbya tjama nomaere nu omundu ngu he iwe poo ngu ha kwaterwe nawa ka nu omaere wozongombe zoruzo (ozondumehupa).

Ovakazendu meṯunḏu ombe ṯuka omaihi aku zu ongondivi ndji terekwa okurira omaze wozongombe nge pwikirwa motumba. Omaze wozongombe ye rungwa mu na otjize tji tji ungurisiwa i yOvaherero nOvahimba kehi ra Kaoko okuvava motutu. Pendje nokuvavwa morutu, omaze wonya ye ungurisiwa moviuṇe ovingi vyombazu.

Ovaherero ve ungurisa oviṇepo avihe kongombe nu wina ve nomirari vyombazu ohunga nomahaṇeno yoviṇepo kongombe tji ya ṯu. Onyama yongombe i yandjwa poo i riwa i yovandu pekepeke otja nai:

etumbo nokurama:	ovyaihe womuini wotjinamuinyo. Indu ihe womuini wotjinamuinyo tja ṯa, onyama yetumbo nokurama ovyomarumbi poo ovangu vaihe mbe nomuinyo.
eokoro nokuwoko:	ovyovangu womuini wotjinamuinyo
evango:	orovatengwa tjimuna ovararanganda nao
ongunde (onyama yevangona):	oyovasya womuini wotjinamuinyo
etambo:	orovaṯena womuini wotjinamuinyo
omutwe (oruhongwe poo orunḏe):	ovyovandu ovanene okuza mu ihe yomuini wotjinamuinyo okuyenda kombanda
engoti, ozonyu, ozondjehwe noura:	ovyovanatje ovazandu imba ovaṯuta poo ovarise

ovirapura (ovipongoryo),	
omatangara, orukete	
notjiuru:	ovyovakazendu
ehuri orukongonona, eraka,	
eyuru nokatjira:	ovyovanene vonganda imba ovarumendu
epindi:	oromukazendu omuini wonganda

Omikova

Omukova wongombe ku za otjinguma Omuherero pe raŗa nu tje ungurisa okuri-kutjira. Omukova wongombe ku za omizaro tjimuna ombanda yomukazendu yokongotwe indji oruheke, omatwi wekori poo otjipa, ozohini[2], ozongaku, ozo-ngovara (ourenga wokomarama) nomutjira womuatje. Kongombe ku za omatwi ovandu ngu ve zara mosengo nu ye zarwa i yomuatje omuingona ku ihe.

Omukova wongombe mu pakwa Omuherero okuza kororowa ngaa ovahuure tji va yeta ovikesa. Omuherero u pakwa momukova wongombe ye ohivirikwa (ondara yomuini). Omukova wongombe ku za oviungurisiwa vyarwe tjimuna omuvya omukande, ozohirima, orumba[3], omivya mbi tuwa korupera[4], omivya vyozoŋdikwa, ovindanda vyozondjupa, ovizo vyomahoro, ovikamo vyozonya zomaze. Wina komukova wongombe ku za ozondoo[5] ŋde ungurisiwa momizaro pekekepe novihepwa vyarwe tjimuna omihanga, omitombe netanda, omivya mbi tuwa kohumba yomuatje omukazona, omivya vyozoŋdengura ŋde zarwa i ovakazendu.

Omaṭupa nozonya

Ozonya zozongombe ze turikwa kotjiuru tjomuniazo nu otjingi tjozonya ozo-ndurikwa tji za koutumbe womuṭi. Ongombe ku za onya mu mu pakerwa omaze wokurisopora. Ohonga yonya yongombe pe ungurwa omuzaro wovarumendu mbu kuza ozohiva ŋde zarwa mosengo. Konya yongombe ku za ombinga yoma-kaya (otjisengero). Kohonga yonya yongombe ku za oruṭumo rwokukwika (rwo-kunana ombinḏu) omundu tja rumatwa i yonyoka poo tja suru poŋa nu omundu tja rondo ombinḏu otje kwikwa nonya yongombe.

Komutjira wongombe ku za omaṭupa yane omundu tja kupu ku ku rukirwa ovanatje. Omaṭupa nga onge rira ovanatje vomukazendu ngwa kupwa. Eṭupa ri rukwa ena okuzambo ari zarwa mosengo i yomukazendu ngwa kupwa. Otja kombazu yOvaherero, omukazendu ka isanewa kena re nu u isanenwa mena romuatje we ingwi otjiveri.

---

2   Ekwamo rokuzarerwa
3   Orumba otjipwikiro tjomaze tji tji ungurwa pomukova
4   Orupera ombanda yomukazendu yoketambo
5   Oumuvya ouṭiṭi mbu ṱiza kutja oviŋa avi ha harahara

Outase

Ongombe i noutase mbu rombwa komiti vyondjuwo, Omuherero me wama ombura nombepera nu wina outase u rombwa pehi mondjuwo pu tu rara.

Ombiŋḓu norwandja

Ombiŋḓu yongombe ovikurya i riwa nu wina ombiŋḓu yongombe ounganga wOvaherero. Omuherero u pononona na yo omuatje tja huhwa.

Orwandja rwongombe ru kamwa aru ziki onyama nu wina orwandja rwongombe ru nuwa okuisamo onyota. Orwandja rwongombe ru tuwa pombepera aru tarara, tji rwa tarara o nu. Otjandja tjongombe tji panga omundu ngwa puka (pandjara). Omuatje ngwa pukire u yatisiwa motjandja okukohwa ouvi (ondomena) nokukotora erao (ouŋingandu). Otjandja tjongombe tji koha omundu ngwa karara povandu vozonganda. Omuatje poo omurumendu Omuherero tja karara povandu vozonganda, u kohwa morutu i yovaramwe notjandja tjongombe poo tjonḓu (okuisiwamo omauvi wovandu ka ṱunu) orondu tjarwe kamaa nu omaere inga omazere.

1.5 Omaungurisiro wozongombe pondondo yombazu nongamburiro

Ozongombe ze nyanda orupa orunene mombazu na mongamburiro yOvaherero okuza pomuatje tja kwatwa ngaa ponḓiro ye. Otja kehupo romihoko mbi hupa mongombe vyokoutjiro nokomamuho wa Afrika, Herskovits (1930: 70) wa yarisa kutja:

> … ozongombe ze ungurisiwa movitjitwa mbya tjama nomundu okuza pongwatero, orukupo, okuteya omuhama poo okuwa pehi, onḓiro nu omuniazo u kondja kutja ze kare po…

Ovaherero ve na omarukwana nomambo pekepeke nga tjama nomaungurisiro wozongombe moviuŋe vyombazu nongamburiro. Omaungurisiro wozongombe moviuŋe vyombazu nongamburiro maye handjaurwa kehi mba moviṱo mbi: ozongombe nongwatero yomuatje; ozongombe nomekuriro womuatje; ozongombe nokuteya omuhama poo okuwa pehi; ozongombe norukupo; ozongombe nonḓiro; ozongombe nomazemburukiro wovaṱi; ozongombe noutoŋi noupenda; ozongombe nohanganisiro; ozongombe noviraisiro vyoviŋenge nozongombe novita. Embo indi ongombe (poo ozongombe tji ze ri ozengi) ri heya otjinamuinyo (poo ovinamuinyo tji vi ri ovingi) kutja otjikaze poo otjirume. Mu nao, embo ndi ongombe ri ungurisiwa apehe okuheya otjinamuinyo ihi ongombe meraka rOtjiherero.

Ozongombe nOngwatero yOmuatje

Ongombe yotjivereko (Katjivereko/Kamukorero) – ongombe ondema yokukwata omuatje wopendje norukupo nu ongombe ndji i heya kutja wa korerwa nu wa verekerwa. Indji i ri mombazu yOvaherero va Kaoko.

Ongombe ohakera – ongombe ihe poo ina ndje yandja komuatje tji ma rukwa (ena). Omuatje tji ma rukwa (ena) u hakerwa ondana ondema ndji kondwa okutwi. Wina pe na ohakera ndje pewa tje kuru (ongombe ndje pewa otjari e ri omunene).

Ongombe ombwena – otjinamuinyo (i rira ondana) omurumendu ndje yandja komukazendu ngwa pandukisa ma pwenene mo omiti (ombwena i heya opera yomukazendu omuari). Ombwena rumwe i rira onḓu poo ongombo ondume otja koutumbe womundu. Onyama yombwena kai riwa i yovarumendu.

Ozongombe nOmekuriro komurungu wokuwa pehi

Ongombe yomukandi wozondato/wokutengwa ozondjise – ongombe (nu tjinene ondana ondume) ndji ṱa monganda pekuma rondjuwo indji onene komuatje omukazona ngwa tengwa ozondjise. Indji i ri mombazu yOtjihimba nu ongombe ndji ṱira ouhirona/ouingona womuatje omukazona uriri. Ozondjise zomuatje ngwi ze tanaurirwe mozondato mbari nḓe ya komurungu, nu omuatje tje ri epaha u kara nondato imwe uriri.

Ongombe yomukandi wokusetwa ozondjise – ongombe (ondana ondume) ndji ṱa monganda pekuma komuatje omukazona ngu ma setwa ozondjise. Indji i ri mombazu yOtjihimba nu ongombe ndji ṱira ouingona womuatje omukazona uriri. Omukandi womuatje ngu na ozondato nu ngu ma setwa ozondjise nambano.

Ongombe yomukandi wozongorova – ongombe (ondana ondume) ndji ṱa monganda ku ku za omivya mbi ungura ozongorova. Ozongorova ze ungurwa pomuvya mbu za kongombe ndja ṱu, au ṱukirwa omuatje ingwi omuingona nokutuwa kehi yomihanga vyokomarama. Indji i ri mombazu yOtjihimba nu ongombe ndji ṱira ouingona womuatje omukazona uriri. Ouingona mbwi kau teka poo kau yanda orondu ozongorova tji za kurupa omuatje ngwi u ṱira ongombe yokuungura ozongorova zarwe poo tja kupwa u kotoka e ekuṱira ongombe yokuungura ozongorova zarwe. Ouingona mbwi u yanda indu omuatje ngwi tja ṱu.

Ongombe yomutjira – ongombe (ondana ondume) ndji ṱa monganda yoku-ungura omutjira womuatje. Ingwi omuatje ngu hi ya wa pehi (ngu hi ya teya omuhama) nu a ungurirwa omutjira omunene wozohanga omupapi noruhira orunene ndu nozonyapi pombanda. Indji i ri mombazu yOvaherero va Kaoko.

Ongombe yomukandi wokusukara – ongombe ndji ṱa monganda yomu-kandi womuatje omuzandu tja sukara (omukandi wokupitisa omuatje). Indji i rira ongombe ngamwa ndji ṱa nu i riwa i yovandu avehe uriri na wina ingwi ngwa sukara. Omuatje omuzandu u yetwa pokuruwo a huwa ondomo[6] potjipara, a huhurwa nokuyandjwa koveni kutja omuatje ma piti nu a kara notjipo tji matji mu putarisa. Okuzambo a porwa ovitjuma avihe mbi ri morutu avihe a zerururwa a rire omundu uriri omuhere. Tja zu nokuhuwa ondomo, omuatje u toorwa kotjiṱuve a twarewa pomuti womasukarero. Kongombe indji ndja ṱu monganda orumbembera ru pakurwa (yandjwa) kooina yomuatje ngwa sukara. Kombazu yOtjihimba, omuatje ngwi eyuva nda sukara (piti) otje kururwa a ungurwa okandomba kopombanda yotjiuru (okuyengerwa ondato) nu ookutuwa ondjise indji ndji rira imwe pombanda yotjiuru.

Ozongombe nOkuwa pehi (Okuteya Omuhama)

Ongombe yokuwa pehi (yokuteya omuhama) – ongombe (nu tjinene ondana ondume) ndji ṱa monganda okuyarisa kutja omuatje omukazona wa zu ko kounatje nu wa rire omunene (wa kutu ozombanda). Kombazu yOvaherero va Kaoko, ongombe ndji ṱa monganda yomukandi wokuzarisa omuatje omukazona ozombandeka zombongora. Wina omuatje ngwi ka ṱunwa nu ka nyandisiwa i ovaramwe ngandu tja isiwa ko ozombandeka zombongora. Ozombandeka zombongora ombongora ndji zarwa otjouketanga okuza kotjiṱuve nokuya kehi yokuwoko okutapakaṋa motjari. Ongombe ndji kai riwa i yovanatje ovazandu novarumendu.

Ongombe yokuisako ozombateka – ongombe ndji ṱa monganda okuyarisa kutja omuatje omukazona wa zu ko kounatje nu wa rire omunene. Indji i ri mombazu yOvaherero va Kaoko. Omuatje ngwi nambano ma utu okuṱunwa nokunyandisiwa i yovaramwe.

Ozongombe nOrukupo

Otukupo twOvaherero tu na oviuṋe ovingi nomirari omire vyombazu nu oviuṋe mbi karupa rwembo ndi. Embo ndi mari tara ousupi komaisaneno wozongombe nḓe sutwa potukupo nozongombe zarwe nḓe ṱa pomikandi vyondjova notjoto.

Ongombe yovitunya – Indji ongombe onduwombe osazu (poo ombirizu) ombaranga ndji tjiukwa otjongombe yorukupo. Ongombe ndji i ṱa nai pakurwa kovandu voina yomukupwa nu onyama yayo kai riwa i yovakupasane. KOtjihimba ongombe ndji i kaṱira koyomukupe.

Ongombe yozonḓu – Indji ondana ondume ndji yandjwa i omukupe kovanene vomukupwa. Ongombe yozonḓu ya yarukira po ozonḓu ine nḓe yandjwa nu

---

[6] Omuze womuti ondomo ombu ungurisiwa. Wina omuze womuhe u ungurisiwa, ondomo tji i heripo

opu ya rukirwa nao. Ozonḏu ine nḏa, ondume, onḏenḏu nondjona yayo no-ndema. Onḏu indji ondume i yenda kooina nu inḏa ozarwe ozaihe yomuku-pwa. Nu tji pa yandjewa ondana ondume poruveze rwozonḏu, ihe u yandja onḏu ondume kooina nu indji ongombe ai rire oye.

Kombazu yOtjihimba, ovakwe mba eta omukupe (ihe, ina, ovaṯena nomakura womukupe) ve ya ave tura pongotwe yonganda. Ihe yomukupwa u yandja onḏu ondume kovakwe ku ku za ombanda yaina ivi womukupe ndji yaruka monganda. Ovakwe ve zepa onḏu ndji, ave ziki nawa nu wina ave ṯuku ombanda yomukova wonḏu ndji nawa. Onyama yonḏu tji ya pi, onyama nombanda vi yarurwa konganda. Ovakwe ave isanewa okuyekutoora omuka-zendu wavo nu kombunda otjivike omukupe u yarura omukazendu (okuyarura ozombaze). Imba omukupe u yeta ondana ondema yorutombe nozonḏu ine (ondume, onḏu onḏenḏu nondjona yayo nondema).

Ongombe yorutombe – indji ondana ondema ndji yandjwa i omukupe kovanene vomukupwa. Ongombe yorutombe i rira oyaihe yomuatje ngwi omukazona ngwa kupwa.

Ongombe onamakuiya – Indji ongombe ondema ihe ndje yandja komuatje we ingwi omukazona ngwa kupwa mena rongombe (yorutombe) omuatje ndje mu yetera.

Ongombe yondjova – ongombe (ondana ondume) ndji ṯa monganda indu omukupwa tje ya monganda yaihe ivi poo monganda ma kupwa. Ongombe ndji tji ya ṯu, ku za okuwoko kondjova nu ku pakurwa orumbembera ndu yenda kozooina yomukazona ngwa kupwa (ombakura kooina). Okuwoko ngwi ku zikwa monganda aku riwa i ovaramwe. Kokuwoko ngwi ku kwa zikwa ku za ouṯupa uvari (oungotyona) mbu rira ounatje womukazendu ngwi. Ouṯupa mbwi u rukwa omana nu onge rira omana wovanatje tji va kwatwa. Wina onḏu i ungurisiwa mena rongombe otja koutumbe womundu. Indu tji pa ṯu onḏu yondjova, onyama i zikwa nawa nu ai toorwa ai yarurwa konganda ku kwa kupwa omukazona. Onḏu i sya mo epindi nonganḏa monganda. Mombazu yOvaherero va Kaoko omukova wongombe ndji yondjova pe ungurwa otjinguma tjovakupasane. Kombazu yOtjihimba, komukova wongombe ndji youingona yondjova ku taurwa omivya omukupe mbye ṯukira ina ivi ke kaisa omivya vye vyozonḏikwa, ozohini nomihanga vyokuhongerako omihanga vye vyokomarama. Nu wina komukova wongombe ndji omakura yomukupe ve isa ko omuvya omunene pomatako wongombe ndji ave ṯuku aku zu ozongaku nozohini zomukazendu zokuzara na wina omivya vye vyokuverekeramo poo vyokukuta oviyambura.

Ongombe yomukandi wotjoto – ongombe ndji ṯa monganda okuyarisa kutja omuatje omuzandu wa zu ko kounatje nu wa rire omukuparumendu. Omuatje omuzandu tje kuru u ningirirwa omukazendu a kupisiwa. Nu pe ṯa ongombe yotjoto komuvanda nu otjoto atji tungwa pekuma rotjunda. Omundu ingwi ngwa kupu okutja wa ri motjoto nao mena rongombe ndja ṯu.

Ozongombe nOndiro

Ozongombe ze kara norupa orunene motjitjitwa tjondiro yOmuherero. Ozondiro zOvaherero ze na oviune ovingi nomirari omire vyombazu nu oviune mbi karupa rwembo ndi. Embo ndi mari tara ousupi komaisaneno wozongombe nde ta pondiro poo nde yandjwa potjitjitwa tjondiro.

Ongombe ongondjoza – ongombe ngamwa ndji ta mondiro poo momutambo.

Ongombe ongundamutambo – ongombe omurumendu ndje yandja poo omundu ndje yandja pomundu ngwa tu konganda (komunda) ka kupa omukazendu.

Ongombe yehepu – ongombe ndji u yandja konganda yomusuko wopendje ngwa zepaisa omuatje ngu wa hepura nokukwata posi ngu u hi ya toora (ngu u hi ya kaningira). Indji i ri mombazu yOvaherero va Kaoko. Ongombe ndji kombazu yOvahimba kai ko orondu omuatje ekombezumo u rira omuangu waina tje ri omukazona poo omutena waina tje ri omuzandu.

Ongombe yomuzikwa – ongombe ondoororwa ndji ta monganda ku ku za omivya mbi kutwa kovanatje ozosewa pomaoko. Ongombe yomuzikwa kai riwa i yovandu mbe na ooihe novakazendu (i riwa i yovandu ozosewa uriri). Omurumendu u tungirwa omutambo kekuma nu a kakerwa omuti mbu ku za otjizikwa ku ku kambura ozosewa nu wina ku ku makerisiwa onyama. Omuti mbwi otjizikwa u zikwa potjipande (potjoto) nu onyama i makerisiwa komuti mbu sasanekwa otjomundu ingwi ngwa tu. Omutambo womurumendu ngwi u ririrwa pendje. Ovandu tji va kaeta omuti omuzikwa aaku zu va kavareka omukazendu nu ovandu kaave hungire aave honine tjimuna mave honine ongwe. Nu ovandu tji va i ve toora ehoro romaze ave kakomba pomuti mbwi ngunda ave hi ya ka nokukahwa omaze komuti mbo mbwa kekwa. Imbo pu pa pyangwa (kombwa) pe rara nao nu pe huna ondiro tji pa yata ondambo kutja oyombwa poo otjina ngamwa. Omuhuka tji pa tji ovandu ve kapaha omuti mbwi nu au yekuzikwa monganda nu ape tu ongombe. Ovandu avehe ve kambura komuti mbwi tji wa zikwa. Ongombe ku za onyama yotjitokorwa ai tuwa komuti mbwi mbwa zikwa na wina ehoro indi romaze nda ire mokuti ri turikwa komuzikwa mbwi. Ongombe tji ya pi (tji ya zikwa), onyama yombarara i makerwa i omuti mbwi omuzikwa. Wina kongombe ndji ku za omuvya mbu puhurwa nau tukwa nawa, aku zu omivya mbi kutwa kovanatje pomaoko imba mba sewa ozosewa.

Ongombe yepingo – ongombe ngamwa ndji yandjwa kovandu mba kasa ombira (ovandu mbe enda kovirongo). Ongombe yepingo i riwa eyuva ndo okumanuka nu kai riwa i yovandu mbe na ooihe novakazendu. Omundu ngu na ihe omunamuinyo ka se ombira. Otja kouingi wovandu mba kaungura (mba kasa ombira), pe ya ape yandjwa ondu poo ongombo. Ongombe yepingo i tira koutokero kongotwe yorumbo komuti kaani mbwa kekwa. Wina ongombe ndji i isanewa kutja ongombe yoruuma.

Ongombe ondara yomuini – ongombe ndji ṱa nu ndji hita mehi pu na omuini. Ongombe ndji kekwa i omuini kutja tja ṱu ngai hite mehi pu na ye. Otjiuru tjongombe ndji tji perwa atji rire otjivapa twee ngunda omuni e hi ya pakwa nu eṱupa ndi rotjiuru nozonya zatjo tji hitisiwa mehi potjiuru tjomuini nu ozohonga zozonya aze kara kaṱiṱi pendje. Ongombe ndji i kaṱira kongotwe yonganda aku zu otjiuru omuni ku ma kahavera nu i isiwa nao uriri onyama ai riwa i ozombwa. Omuni tja tya okukarara momukova wongombe ye ndji, ongombe ndji i pururwa nu omukova au kahisiwa kaṱiṱi (au mana ombinḓu) ngunda e hi ya tuwa mu wo. Omuhingo mbwi wa raisiwa i yooSilvester na Gewald (2003) kutja omukova wongombe ye ohivirikwa ombu rira otjikesa tje nu otjiuru tjayo tji turikwa komuti otjotjiraisiro tjeendo re.

Ongombe ongondjoza ndja tetwa – ongombe onduwombe poo ozongombe ozonduwombe nḓe ṱa ponḓiro yomuniazo ku ku za otuuru. Ouingi wozongombe nḓe ṱa tji za koutumbe noure womuniazo (Silvester na Gewald, 2003). Otuuru twozongombe tu tu katurikwa komihi vyomuti omumborombonga, omuti mbu ha kurupa. Ozongombe nḓa ze rIwa i yozombwa orondu kaze riwa monganda, nu kaze riwa i yovandu woruzo rumwe otjorwomuṱi (Bollig na Gewald, 2000). Ozongombe nḓa ozongondjoza onḓe ririsa ovandu tjinene monganda tji maze ṱu nao (oozongombe ozombi kOvahimba). Ozongombe ozonduwombe korukondwa rwa Kunene ze ṱiziwa okuungurisiwa pombakero yomuniazo (Paskin, 1990). Otja ku Irle (1906) pombakero imwe pa ṱa ozongombe ozongondjoza omirongo hamboumwe nu motjikando tjarwe pa ṱa ozongombe ozongondjoza omasere yevari nomirongo vitano. Komunda imbwi owe, Vedder (1928, p. 184) wa muna ozongombe ozongondjoza nḓe ri pokati komurongo nomasere yevari.

Ongombe yokuteya/yokuhaṋa omutambo – ongombe onduwombe ndji ṱa omutambo tji mau haṋika. Oviyao vi tjirwa amavi toorwa rukuru etango/eyuva tji mari utu okupita, ozongombe ngunda aze hi ya katuwa ko. Ongombe onduwombe yokuhaṋa omutambo otji i patwa ai ṱu, omiti avi tutwa avi kaumbwa kongotwe yonganda nu ovakazendu ave yarura ko omarembe (ovipiriko). Ongombe ndji i makerwa ombarara tji ya pi. Tji ya zu nokumakerwa ombarara, ovakazendu tjandje va yarura ko poo ave yarura ko omarembe nu omutambo au haṋika (ovitara vya unduka nao).

Ongombe yekori/yondjaṱu – ongombe onḓenḓu nondana ndji yandjwa i yomurumendu ngwa zepaisa omukazendu okuyarura ekori poo ondjaṱu koyao.

Ongombe yozonguṋe – Indji ongombe ndji yandjewa i yomuhoko womurumendu komukazendu omurumendu we tja ṱu otjotjisuta tjoviungura mbya ungurira omurumendu we.

13

Ozongombe nOmazemburukiro wovaṱi

Ovaherero otja kombazu nongamburiro ve kumba komuute wominyo okupitira movaṱi vavo nu orupa ndwi maru tara komaisaneno wozongombe pekepeke nḓe ungurisiwa mombazu nḓa tjama novaṱi tjimuna okukayezurura eendo, okukayambera nomayandjero wondjozikiro kovaṱi.

Ongombe omwaha yoviruru – ongombe ondema poo onḓenḓu ndja rasa komuini poo ndja ri ombweya peendo romuini ovandu tji va kayezurura eendo (tji va kaisa ko omakutu) poo tji va kaambera ombura aihe poo kombunda yozombura kaaṋi. Ongombe ondema poo onḓenḓu ndja rasa komuini poo ndja ri ombweya peendo romuini i rira omwaha yoviruru yaiho nu i kekerwa ondjupa yayo. Omaere wondjupa yamwaha yoviruru ye nuwa i yovarumendu uriri nangarire kutja omutwa.

Ongombe omwaha yomeva – ongombe ondume poo onduwombe ndja rasa komuini poo ndja ri ombweya peendo romuini ovandu tji va kayezurura eendo (tji va kaisa ko omakutu). Ongombe ondume poo onduwombe ndja rasa komuini poo ndja ri ombweya peendo romuini i rira omwaha yomeva nu tji ya ṱu i riwa i yovandu imba ovanene mbe pweya.

Ongombe ondumehupa – ongombe onguru yomuriro (yoruzo) ndja kekwa i yovakuru. Omaere wondjupa ondumehupa (ondumekanda) kaye nuwa i yovandu vozonganda. Otja kombazu yOvaherero, ozongombe inḓa ozondumehupa ze tanauka moruzo okuza kerumbi okuyenda komuangu na wina okuza ku ihe okuyenda komuatje omuzandu. Ovazulu wina ve na ozongombe ozondumehupa nḓu ve isana kutja "inkomo yamadlozi" (Oosthuizen, 1996).

Ongombe yokupweya omaso – ongombe ndji ṱa monganda okuzemburuka ooiho kutja monganda mu kare ouṋingandu poo okuriyarikaṋa kooiho tji u na tji wa tataiza poo rumwe monganda tji mu na ouzeu. Ongombe ndji ṱa monganda ai riwa uriri tji ya zu nokumakerwa.

Ozongombe nOutoṋi nOupenda

Omwaha onautoṋi – ongombe onḓenḓu ndji kekwa mena routoṋi poo rouvanḓe womundu. Omundu tja zepa ongeyama, ondjou, ongwe, ondjima, orunga (orukwenyaere) poo onguvi u yenda komundu poo kovandu mba zepa ovipuka rukuru poo omundu ngwa zepa omundu a tundwa (a tjangwa) outoṋi i yomundu meyanenwa pu na omundu ngwa zepa ovipuka rukuru poo omundu ngwa zepa omundu. Omundu u tjangwa outoṋi nu a kekerwa ongombe kombund' okupangwa. Omaere wanautoṋi ye zera kaye nuwa ovakazendu. Omaere inga owanautoṋi ye nuwa i yovarumendu mba tjangwa ozondja zoutoṋi poo mba sukara uriri.

Ongombe yovirya – ongombe ndji za metemo rovakazendu. Nu tjinene omukazendu omunene ngu ya rimi otjikunino atji kwata ovirya, ovirya mbi avi karanda ongombe. Indji ongombe youpenda uriri nu i riwa otjikutu tjoina. Ongombe onḓukwa uriri kai zeri.

Ongombe yomingu – ongombe ndji za momarandisiro womingu i omukazendu na randa ongombe. Indji ongombe youpenda uriri nu i riwa i yotjikutu tjoina.

Ongombe yomitombe – ongombe ndji za momarandisiro womai wozombo navi randa ongombe. Indji ongombe youpenda uriri.

Ongombe yeyo rondjou – ongombe ndji za momarandisiro weyo rondjou nda tongonwa nu omutongone a randa ongombe. Mape ya rumwe ondjou ye ya morui nu ai homoka eyo, nu omundu ngwe ri tupuka rukuru korui eyuva indo a tongona eyo indi. Tjarwe mape ya omundu rive wa vaza ondjou ndja koka nu a tongona omayo wondjou indji. Indji ongombe youpenda uriri.

Ongombe yomuhiva – ongombe ndji ṱa monganda ovandu tji mave nyanda omuhiva. Ongombe yenyando uriri. Tjarwe ovandu ve hata (ve tona) outjiṋa, omuhiva poo ondjoṋgo uriri monganda menyando tji ve kuta nu tjinene kutja ovanatje ve rihongere ko.

Ozongombe nohanganisiro

Ongombe yokuhanganisa ovandu – ongombe ndji ṱa pokuhanganisa ovandu mbe ha pose kumwe (mba haha). Pe ṱa ongombe yotjivara ngamwa, ovandu ave ravaerwa nu okuzambo ave pasana omake.

Ozongombe nOviraisiro vyOviṋenge

Ndjambi wa yandja ounongo ouhimise kOvaherero okumuna oviraisiro vyoviṋenge kaaṋi. Ovaherero ve tara motjiṋenge kutja matji heye ouwa (ouniṋgandu) poo oumba (oseve). Omeritjindiro wozongombe ye yarisa oviṋenge kaaṋi nu mu nao Kaputu (2018) wa yarisa kutja ozongombe ze na omihingo omingi nu ozombuke. Ozongombe ozeni monganda ze sokurara komanene woviso (wovihuno) onganda tji ya tara kongurova. Indu ozongombe nondwezu yazo poo nozondwezu zazo tji za rara komamuho woviso (wovihuno) paha maze hungire oviṋa ovingi ovivi monganda. Rumwe monganda kamu ri nawa poo maku ya onyota ndji mai ṱunu ku zo poo maku ya ourumbu mbu mau ṱunu ku zo (Kaputu, 2018).

OoHangara na Marenga (2018) va yarisa oviṋenge tjiva imbi ohunga nozongombe:
- Okuzepaisa ondwezu yongombe poo ongombe ondaambe monganda otjiraisiro tjokutja ya kambura omuinyo womuniayo.
- Ongombe okunana eraka i heya okuhuna onḓiro. I huna pondivitivi yonganda pu iho poo pu nyoko indu iho tja ṱa rukuru.
- Ongombe onduwombe tji ya kumuka pu na ozongwao nai kotoka konganda aiyerike, mai hunu onḓiro monganda.

- Ozongombe tji maze ru (tji maze kondjo) morumbo pe heya kutja maaze karira ozengi mokutumbara kwazo.
- Outana oukwatwa tji mau kondjo motjunda pe heya kutja maku ya ovaenda.

Ozongombe nOvita

Otja ku Kaputu (2018), Ovaherero ve tanaura ozongombe ave ze sanisa kovandu ngandu tji maze tuwa movita ze rwe. Ovaherero rumwe aave kutu ongombe ondaambe nondana poo ongombe onduwombe komuti tji mave ru ovita. Ongombe ndji tji mai vandara ozohanga tji maze umbwa aai yandja omazenge kovarwe nu ave umbu kutja ve taare ovita. Ozongombe nḑa rwa ovita ozengi nu omundu kamoo   vara o yenenisa nu ovatjange mave tamuna tjiva uriri. Pa kutirwe ongombe onḑuzu ya Nauanga yOvakwenambura ndja sora kOuzoroue kombakere ya Nauanga nu ovandu ave rwire ko ave taara ovita mekondwa rwa Mitara ngaa ovanavita tji va yaruka munda wa Pako ku va zire. Ongombe yarwe yOvakwenambura otjimbonde otjipanga ndja sora ye ekukutwa mOkandjira, indji otjihatirazohanga yoona Kaombandje ndja enda novanatje va Hijakamanjekua vongombe ya Mukoto imba vOmbongora. Ovarumendu va rwa ave yandere imbo nu ovakazendu vavo va kayenda ovahepundu tji va ya kOhamakari ya Kakonge tjandje va ru va ṱire pongombe yavo. Wina pa ri ongombe yomavango ovitenda indji pu pa yenda Mureti wa Kaupangua na Kauua wa Nangava wa Ngondokera ndja rwa ovita vya Tjozongombe komuti wa Ndoṋi wa Nguautu omuwa wovitjuma owa mbwa hovekwa mombongora. Ongombe ndji wina pa yenda ovanatje va Tjivikua tjomurivangere, novanatje va Ndura ya Nḑenḑu vombamba ya Nangari. Wina pongombe ndji pa ri Uahere wa Ngao ya Kuziruka.

Wina pa ri onduwombe ndji Kandandona ombawe mutenya nu ekondo uṱuku ndja tjirwa kokure kozonde za Muronga imbo pu ya tjakanena ovita vya Kahamunjenje, muhuka ai hingwa ai i kOkahandja na Sona ngaa tji ya ya kOtjo-sazu pu ya kaanda.

1.6 Omiano nounongo wokutumba ozongombe zOvaherero

Omuherero u yandja orutu rwe, omasa we nomuinyo we komatumbiro nondje-verero yozongombe ze, nu imbi vya zeuparisiwa i Silvester na Gewald (2003: 71) metjangwa ravo kutja:

"Motjimbe tjozongombe ze, kape na otjiungura tji tji ri otjizeu. Omuherero oure wozoiri ozonde nu mombambi yomutenya ma hire ozongombe ze notjiyemere tji matji woto kotjimwetjimwe mondjombo poo mombu. Kozombura inḑa ozonguru, ovo aave se ombu poo ondjombo ouzeu amave ungurisa onya yonḑuno moru-veze rotjiharaova (rotjihupuro) nokuungurisa ondjupa moruveze rotjiyemere. Wina koure womayuva noviike ma kara ama paha ongombe ye ombandjare.

Ondando ye momuinyo ya ri oyokukara norutumbo orunene rovinamuinyo mehi rOvandamara[7]".

Otja komahandjauriro womutengwa Kombombue Musutua[8], otjiungura tjomurumendu okutjevera nokurisa ozongombe porwako. Omuatje omuzandu omuṱiṱi okuza pozombura ine ngaa ku ndano u uta okukara norupa momatumbiro wovinamuinyo. Omuatje tje kuru tja utu okukawondja pamwe novanene u utira pokukarisa ozongombona pu na imba ovanene. Imba ovanene tji ve kuru ve enda kozongombo, nu okazandona inga ake sewa notjiungura tjokurisa ozongombona inḓo akeyerike. Ape tja tjiti ozombura omurongo nokuyenda kombanda a utu okurisa ozongombo nu otjiungura tjokurisa ozongombona atji kamburwa i omuangu we poo omuatje warwe omuṱiṱi pu ye motjiwondo. Kombunda mehupo okazandona inga tji ka rire omuatje omuzandu omunene, eye u uta okuyenda okukarisa ozongombe pu na ovazandu varwe poo ovanene. Omurumendu wOmuherero u risa ozongombe ngaa tja rire omukururume wokuwondjera kokati poo tja tjaerwa omitjise.

Okuṋunisa mbya tjangwa pombanda, otjiyano tjoyanda rOvakwauti itjimwe tjovisanekero vyomeriyandjerero womurumendu wOmuherero kozongombe ze:

"Ovikururume mbi karisa avya kurupa
Ozonyanga aza kondoroka ozongoro
Nu ozonḓi aza kondoroka oviuru"

Ovaherero ovandu mbe hupa mongombe (Cooker, 2001) nu okurisa ozongombe nokuzekotora konganda omapeta ayehe ya ri vimwe vyomiano mbi yavi ungurisiwa okutjevera ozongombe kourunga, kokupandjara na kovipuka vyomayo. Indu omaryo tji ya herenga ongondoroka nozonganda, ozongombe aaze twarewa kozohambo ku ku na omaryo. Wina otjiwaṋa tjOvaherero mbe hupira mOngamiland, imba mba taurisiwa ovita vyOvandoitji wina ve kayendisa ongaro yokutjinda ozohambo (Gibson, 2009: 114-115). Ku ndino ongaro yokurisa ozongombe ya yaruka ombunda mehi rondivitivi ya Namibia, nu nai ya sewa kehi ra Kaoko mekondwa enene ra Kunene.

Ovaherero ve na omize vivari ku va taṱera, mbi ri eanda komunda woina noruzo komunda woihe. Eanda ri tjiukirwa kongaro yovandu veyanda rimwe

_____

7   Okuisira ku Silvester na Gewald (2003: 71): "Ovaryange ovakuru vehi rOvaingirisa tjimuna Alexander, Galton, Green, Anderson novakwao aave isana ovandu imba ovazorondu va Namibia kutja 'OvaDamaras'. Mena ranao opaave ungurisire ena indi Damaraland, ngunda omaisaneno omasemba e ri 'Ehi rOvaherero'. Embo indi Damara ra za kembo reraka rOvakwena indi 'Daman'. Ovo (Ovakwena) aave isana Ovaherero kutja 'Buri–Daman' poo Ovandamara vozongombe; ngunda Ovambo aave isanewa kutja 'Ovandamara vovirya' nu imba Ovaṱakume kutja 'Ovandamara ovahaze poo vondova'. Okaptein J. E. Alexander ongwa ri omundu omutenga okuisana ehi rOvaherero kutja 'Damaraland' nokuyarisa ovandu kutja 'Damaras'. Netjangwa re indi *An expedition of Discovery into the Interior of Africa* (1837). Eye wa yaruka kOkapa nomatjangwa wokutja ku na ovandu Ovandamara mbe na otuwondja twozongombe zozonya".

8   Ondjivisiro ya kamburwa ku Kombombue Musutua ngwa tura pOtjirumbu mehi ra Kaoko, Namibia, 20 Rozonḓu 2019

okuhupisasana, nu moruveze rouzeu Omuherero u kapaha ombatero kovandu veyanda re. Otjiṇa ihi tja yarisiwa i Silvester na Gewald (2003: 72) otja nai:

"Kehi yongaro yokuhupisasana ndji tuurungira meyanda, mouzeu Omuherero omuhepauke okukara nokuhena ohupo (ehupo). Omuherero ngu hi na ohupo (ehupo) poo ngu hi na otjinamuinyo aruhe u yenda kovandu veyanda re a kayazema ozongombe okukanwamo".

Otuzo tu na ovizerika ohunga nozongombe nḏu tu tumba na nḏu tu ha tumbu tjinene ovizerika mbya tjama notjivara nombunguriro yozonya zozongombe (Gibson, 2009; Hangara, 2017). Mu nao Ovaherero aave tumbu nokukara nozongombe nḏe tumbwa motuzo pekepeke twozonganda zavo. Pendje novi-vara vyozongombe mbya kutwa ku na otuzo, pe na ovihako Ovaherero mbi ve ungurisa otjoviuṇe ovinahepero okuhaṇa ouini wovinamuinyo otja koveni vavyo. Ozongombe ozo mbandjare ze yarurwa koveni vazo mena rovihako vyazo. Kororowa omaṯunḏu nge wira kehi yoruzo rumwe aaye tura pamwe poo aave kara nozohambo mozo ndendera zemwe kokutja ve yamasane tjimuna okuyeu-rasana ozonganda tji maze pundwa nokuyamasana motuveze otuzeu twepeti nekooroko. Ovaherero mbe hupira mekondwa ra Ngamiland mOtjauana va yarisa oumune otjingewo, nu va yarisa kutja ozonganda zotuzo tu tu huhurasana ze ya pamwe aze twa po epango enamasa (Gibson, 2009: 117).

Ozonganda zOvaherero nḏa ri mondivitivi ya Namibia koure wozombura zo-1800 va kara ave pundwa ozongombe i yOngwena kehi younane wa Jonker Afrikaner. Okupenga omapundiro inga, Ovaherero aave kayazemisa ozongombe zavo kouhonapare wOvambo nokukaṯizisa ozongombe kovazamumwe kehi ra Kaoko nokehi rOvaherero komanene munda wondundu ya Tjozondjupa. Ehi ra Kaoko ra ri rimwe ovapundangombe vOvakwena kaave ha vaza mozombura inḏo, ngunda ehi rOvaherero komanene munda wondundu ya Tjozondjupa ara ri pendje notukondwa Ovaherero kaave yekwa ozongombe i younane novarandise wOvandoitji (Silvester na Gewald, 2003: 75). Tjinene Ombara Maharero nozo-mbara ozongwao nḏaaze nanene mehi mondivitivi aave kaṯizisa ozongombe zavo ku Kambazembi ngwa ri omutumbe okutanana etota nu ngu ya turire mehi rOvaherero komanene munda wondundu ya Tjozondjupa (Gewald, 1998: 89).

Mombura indji 1861, Jonker Afrikaner otja ṯa nu a pingenwa i omuzandu we ingwi Christian Afrikaner otjombara yOvakwena imba Ovaororama (Orlams) (Gewald, 1998). Mombura okatjingeyo omu mwa ṯa Ombara Tjamuaha nu a pingenwa i omuzandu we ingwi Maharero (Gewald, 1998). Ombara Maharero mombura indji 1863 wa teya omerikutiro ku na Ombara Christian Afrikaner nu mombura indji 1864 a taara ovimbumba vyovarwe va Christian Afrikaner (Gewald, 1998). Ondaarero indji ya tundumanisa Ovaherero nu moure wombura imwe okuza nokutaara ovimbumba vyovarwe va Christian Afrikaner, ovo va punda ozonganda zOvakwena nu ave kambura ozongombe otuwondja na wina ave kakotora ozongombe zavo nḏu va yazemisire kouhonapare wOvambo na inḏa nḏu va kaṯizisire kovazamumwe kehi ra Kaoko (Gewald, 1998).

18

Munda imbwi owavo, Ovahimba mekondwa ra Kaoko aave pundu ozon-gombe komihoko vyarwe mehi indi Oangola, nu mu nao ozombura inḍa zo-1900 ngaa ke-1901 aaze tjiukwa kutja ozombura zOmiru. Otja ku Gibson (1977: 97), Ovahimba tjiva va ire kOngambwe mOangola nu ave kavaka ozongombe nḍu va horeka momiru. Ombara Oorlog (Vita) Thom mozombura inḍa 1911 ne-1912 wa kapunda ozongombe kotjirongo tjena Omburira (Gibson, 1977: 98). Okuzambo a kapunda ozongombe rukwao potjirongo Ongangona meṇe yotjirongo Ompupa mozombura inḍa 1913 ne-1914 (Gibson, 1977: 98). Ovahimba wina va pundwa ozongombe mozombura inḍa zo-1930. Mu nao ozombura inḍa 1936 ne-1937 zetjiukwa kutja ozombura zongo orondu Ovahimba tjiva va ningira ombatero mena rokupundwa ozongombe i yOvangambwe, OvaKuvare nOvahimba ova-kwao (Gibson, 1977: 104).

Ovaherero ve tara moviraisiro vyoviṇa tjimuna eyuru, omueze, omiti novipuka nu ave tjiwa kutja maku ya ourumbu. Otjotjisanekero, ooHangara na Marenga (2018) va yarisa kutja indu omingwindi tji vya twa ko ozongwinḍi komurungu ombura ai hi ya teṃuna otjiraisiro tjokutja ombura mai roko oungundi poo ma rire ourumbu. Okuisira koviraisiro pekepeke, Ovaherero ve kara ombura poo ve tjinda ozohambo poo ve tjindira kotukondwa twarwe tu twa rokwa nawa. Moruveze ombura tji mai panḍa okuroka Ovaherero ve kapaha ombatero kovakare vombu-ra (kovandu mbe ningira ombura okuroka). Mozombura inḍa zo-1944 ne-1945, omukare wombura wena Kapupa poo Muhanda (omundu wa Handa) kehi ra Kaoko wa sutwa ozongombe nu a yekwa ovinamuinyo imbi kombunda mena rokutja ombura kai rokere (Gibson, 1977: 106). Otjikando ḻarwe Omuhimba mehi ra Kaoko wa suta omurumendu Omungambwe omukare wombura omutji-ukwa wena Tjisunga (Tyitunga) nu ombura ai roko tjinene mozombura inḍa zo-1949 ne-1950 (Gibson, 1977: 108). Otjikando otjihumandu mehi ra Kaoko tja kara mozombura inḍa 1963 ne-1964 indu Munyemba (omurumendu ngwa za komuhoko imbwi Omunyemba) tja ya nozongombe nḍa sutwa nu ombura ai ha roko (Gibson, 1977: 111). Otja ku Gibson (1977: 108), tjiva zozombura zourumbu oukendise nḍa tjindisa ozonganda mOkaoko za ri mozombura inḍa 1907, 1908, 1929, 1930, 1945, 1946, 1951 ne-1952.

Okuzira epuriro rokutja Ovaherero mba hupa kovita vyOvandoitji mehi rondi-vitivi ozongombe ve ze muna momiano viṇe, ovatjange va pura Erastus Kazandu Hangara[9]. Eye wa raisa kutja Ovaherero mba muna oviungura pozofarama zovahuure ovavapa aave ningire okusutwa nozongombe nu momuano imbo ave hara ozongombe ku va hekera ozongombe nḍu ve na zo ndino. Ouṇingandu oho-romende yombangu ya Suid Afrika ya twa po omahi wozoresevate mozombura inḍa ze-1920 nu Ovaherero mba ri nozongombe momahi wozofarama zovaapa ave twara ozongombe zavo komahi wozoresevate. Ovaherero imba mbaave ungura movihuro va kondja nouzeu okupwika ozondjambi zavo nḍa ri ozonḍiṭi

---

9   Ondjivisiro ya kamburwa ku Erastus Kazandu Hangara ngwa tura pOvituuua mehi ra Pukiro, Namibia, 27 Tjikukutu 2018

tjinene moruveze indo nu ave randa ozongombe nḓaaze ṱiziwa komihoko vyavo komahi wozoresevate.

1.7 Ehupo rOvaherero okuza pomutjise wopesa novita vyozombura 1904-1907

Otja kovivarero, Ovaherero va ri nozongombe nḓe ri kombanda omayovi esere nomirongo vitano (150,000) mombura ndji 1890 komurungu yohuurire yOvandoitji (Report on Natives of South West Africa and their Treatment by Germany, 1918). Pokati kozombura nḓa 1894 ngaa 1904 komurung' ondjembo ya Katjivitjouanga, Ovaherero va pandjara ehi enyingi romaturiro nomarisiro mena rongutasaneno ndja ri pokati kOmbara Samuel Maharero nOvandoitji (Gewald, 2000: 194-195). Otjingi tjozongombe zOvaherero za kamburwa momiano omihasemba nu aze haṋewa mokati kovaṱuta vOvandoitji okuza povita vyOvandoitji ku na Ovambanderu mba ri kehi younane wa Kahimemua nOvaKhauas-Khoi mba ri kehi younane wa Lambert (Gewald, 2000: 195).

Omutjise mbwa tambuka mehi wopesa mombura indji 1896 wa weza koma-henukiro wotjivaro tjozongombe zOvaherero. Moure womieze hamboumwe omutjise wopesa wa zepa otjivaro tjozongombe mbari motjivaro tjozongombe ndatu zOvaherero (Gewald, 2000). Report on Natives of South West Africa and their Treatment by Germany (1918) ya yarisa kutja omutjise wopesa wa zepa ozongombe okutwako nokuisako omayovi omirongo hamboumwe (60,000) mehi rOvaherero nu ape hupu ozongombe omayovi omirongo muvyu (90,000). Omukonḓonone Drechsler (1980) wa yarisa kutja oviwaṋa tjiva vya zepaisa ozoperesende omirongo muvyu na ndano zozongombe zavyo nu ngunda omukonḓonone warwe Pool (1991) aa yarisa kutja oviwaṋa tjiva vya zepaisa ozoperesende omirongo muvyu na hambombari zozongombe zavyo.

Otja komahandjauriro wooOlusoga na Erichsen (2010):

> Kape na ovivarero ovikahu vyozongombe nḓa ṱa i yomutjise wopesa nandarire kutja Okomusara yOviuṋe vyOmaturiro ya haka kutja ohinga yozongombe zOvaherero poo otjivarero tjozongombe omayovi omirongo vitatu za ṱopesa moure womieze hamboumwe. Komayandero womutjise wopesa, ovahandjaure wongamburiro yOukriste va yarisa kutja oviwaṋa vyOvaherero vya zepaisa ozoperesende omirongo muvyu na ndano zozongombe.

Otjomiano vyokutjurura omutjise wopesa, ouhonapare wOvandoitji ovahuure va twa po omiano pekepeke tjimuna okuzepa ozongombe nḓe nomutjise oku-ungura omiti omitjurure vyomutjise wopesa (Leutwein, 1906; Gewald, 1999). Omaunguriro nga ya ri nozohaviho nu Ovaherero va pandjara ozongombe ozengi nokukara nozondjo ku na ouhonapare wOvandoitji ovahuure mena royenda ondjurure yomutjise ndji ha ri nombatero poo ndji ha ungurire (Gewald, 1996).

Otjotjisanekero, potjirongo ihi Otjosazu ozongombe omayovi yevari mu inḓa omayovi yetatu nḓa yendwa noyenda yokutjurura omutjise wopesa za ṯa (Irle, 1906). Ozoperesende omirongo vine na ndatu zozongombe nḓa yendwa noyenda yokutjurura omutjise wopesa za ṯa motjirongo ihi Otjimbingwe. Ovaherero va pandjara ongamburiro motjiungura tjomayendero wozongombe nu ave utu okupanḓa komayendero ingo (Mossolow, 1975).

Omutjise wopesa wa teya etambo rehupo rotjiwaṋa tjOvaherero mOnamibia nu wa ṋiṋikiza kutja ovanane wombazu ve randise ehi kOvandoitji ngunda Ovaherero imba mba syonapara ava uta okupaha oviungura pendje (Gewald, 2000). Wina nomeero wOvandoitji ovahuure, Ovandoitji imba ovarandise vomitwaro na imba ovaṯuta wotjivarero tjeyovi nomirongo vitano na umwe (1051) va ri nozongombe omayovi omirongo vine na yane nomasere yane nomirongo hambondatu na hambombari (44,487) ngunda Ovaherero ava sewa nozongombe omayovi omirongo vine na yetano nomasere hambondatu nomirongo muvyu na hambondatu (45,898) (Report on Natives of South West Africa and their Treatment by Germany, 1918; Drechsler, 1980). Ohendi mouini wozongombe ya tjitwa outihu momarandasaneno mbu yau tjitwa i Ovandoitji imba ovarandise vomitwaro na imba ovaṯuta na wina omutjise wopesa. Avihe mbi vya herura otjivarero tjozongombe zOvaherero okuya pomayovi omirongo vitano mombura ndji 1903 (Alexander, 1983).

Ohunga nokutja ovita vyo-1904 ngaa ko-1907 vya tjitisiwa i tjike, ovatjange ve noumune mbu pitasana kutja ovengi ve tja ehi nozongombe ombya ri ondimwa poo oviṋa mbya tjitisa kutja ku kare ovita vyo-1904 ngaa ko-1907 (Bridgman, 1981; Alexander, 1981; Pool, 1979; Drechsler, 1980; Silvester na Gewald, 2003). Pomautiro weserewondo oritjamirongo vivari pa kara ombameno nu ndje kurira ko kehi yondumbiro ombi, omapandjarero wehi, omayekero wozongombe, nokuhina ongamburiro pokati kOvaherero nOvandoitji ngaa tji pa uta okukara ovita ovitovatova ngaa kovita imbi vyo-1904 tji vya uta (Gewald, 2000; Drechsler, 1980).

Ovaherero omayovi omurongo na yetano poo ozoperesende omirongo vivari mba hupa kovita vyo-1904 va pandjara ouini auhe oombu nyinganyinga na mbu ha nyinganyinga. Ovaherero va pandjara ehi romaturiro, ovinamuinyo nouini warwe ngaa kombazu noviuṋe vyayo (Silvester na Gewald, 2003; Katjavivi, 1988). Okuza povita vyondjembo ya Katjivitjouanga, ovahuure va twa po omirari omiṋiṋikize mbi yavi tjaere Omuherero okukara nongombe, okutjaera Omuherero okukongorera ongamburiro nombazu yOuherero na wina okutjaera omakarero womaruwo (Bley, 1971).

Okuṋunisa mbya tjangwa pombanda, omuhonge Brincker wa Kahandja wa tjanga kutja (Silvester na Gewald, 2003: 31-32):

> Ovaherero va ri notuwondja twozongombe nu moure wozombura omurongo na mbari kehi yohuurire yOvandoitji okuza povita vyondjembo ya Katjivitjouanga kapa ri Omuherero ngwa ri nonduwombe, ondana ondema

poo nandarire okatana kemwe. Ovahuure va twire po omirari ominiŋikize mbi yavi tjaere Omuherero okukara nongombe.

Mombura ndji 1915, Ovandoitji va taarwa i orupa rwovita rwa Suid Afrika nu moure wozombura ndano kehi yohuurire ya Suid Afrika Ovaherero va hara ozongombe ozengi. Ouingi wotjivarero tjozongombe ihi tja ŋiŋikiza ouhona-pare wa Suid Afrika okutwapo omahi wozoresevate (Bollig na Gewald, 2000: 21). Ovaherero va kondja okuriyarurako otjomuhoko momahi wozoresevate (Gewald, 2000). Ovaherero momautiro wozombura inḓa zo-1920 va uta okutjita oviuṇe ovingi vyombazu mbya tjaererwe kehi yohuurire yOvandoitji nokutja pa ri nomatokero wokutja ozondjiwe zoviuṇe vyombazu za ṭa movita vyondjembo ya Katjivitjouanga.

Okuza povita vyo-1904 nga 1907, Ovahuure va yeta ozondwezu zozongombe zauye wopendje nu ave kara norukongo rwokurundurura ozongombe inḓa ozo-sanga ozongwatera za Afrika nḓa ri zOvaherero mondivitivi ya Namibia. Mu nao ozongombe inḓa ozosanga ozongwatera za Afrika nḓa ri novivara pekepeke za uta okuherenga mondivitivi na koutjiro wa Namibia. Ozongombe inḓa ozosanga nḓa ri zOvaherero mondivitivi na koutjiro wa Namibia ku ndino atjaaze isanewa kutja Ozoherero mbu ri omuze umwe wozongombe ozosanga mena rokutja Molhuysen (1911: 10) okuisira komatjangwa wa Schinz (1891) wa yarisa kutja pa ri omihoko vivari vyozongombe mehi indi Osuid West Afrika (ndino nda rira Onamibia) komurungu womeero wOvavapa. Omihoko vyozongombe inḓa vya yarisiwa kutja Ovambo nḓe ri komanene wehi na inḓa Ovaherero poo Damara komamuho wehi (Groenewald na Curson, 1933: 601). Ndino ozongombe inḓa ozo sanga ozongwatera za Afrika ze ri kOkaoko korukondwa rwa Kunene (ozongombe nḓa ze isanewa kutja Okaoko mbu ri omuze umwe wozongombe ozosanga), ze ri motukondwa tune twomanene wehi ndwaaru tjiukwa kutja ehi rOvambo (ozongombe inḓa ze isanewa kutja Ovambo mbu ri omuze umwe wozongombe ozosanga), ze ri motukondwa tuvari twa Kavango (ozongombe nḓa ze isanewa kutja Kavango mbu ri omuze umwe wozongombe ozosanga), ze ri korukondwa rwa Zambesi (ozongombe nḓa ze isanewa kutja Caprivi mbu ri omuze umwe wozongombe ozosanga) na mozosarama ozonḓiṭi mondivitivi ya Namibia. Wina nomeero wohuurire ozongombe za uta okukondwa ozonya nu omana omaruka wOtjiherero kombunguriro nomapeturiro wozonya pekepeke ye ri popezu nokupandjara mondivitivi na koutjiro wa Namibia.

Ozombanda noviungurisiwa vyombazu
Cultural dress and utensils

Ovahimba boys with single plaits, 1985. Note the omatwi or necklace on the youngster (far right) consisting of iron beads and leather pendants cut from cattle ears.
Omburo/Source: National Museum of Namibia. (Otjiperendero/Photograph: A. Otto-Reiner, National Museum of Namibia)

Omuhimba woman with child at Oruhona, 1985.
(Otjiperendero/Photograph: A. Otto-Reiner)

Omutjira womuatje omuzandu/Back apron worn by Omuherero boy.
Omburo/Source: National Museum of Namibia. (Otjiperendero/Photograph: Authors)

Omithira vyomuatje omukazona/Girl
child traditional aprons, 1978.
Omburo/Source: National Museum of Namibia.
(Otjiperendero/Photograph: A. Otto-Reiner)

Child's apron.
Omburo/Source: Völkerkunde-Museum Berlin,
Luebbert 1902.
(Otjiperendero/Photograph: A. Otto-Reiner)

Man's sandals ovikapwite.
Omburo/Source: Völkekunde-Museum Berlin,
Buettner 1888.
(Otjiperendero/Photograph: A. Otto-Reiner,
National Museum of Namibia)

Onya yomaze/Horn box for ointment
made from cattle horn and skin.
Omburo/Source: Völkerkunde-Museum Berlin,
von Francois, 1891.
(Otjiperendero/Photograph: A. Otto-Reiner,
National Museum of Namibia)

Onḏukwa/Omuherero woman churning butter in onḏukwa, Okorosave, 1988.
(Otjiperendero/Photograph: A. Otto-Reiner, National Museum of Namibia)

Orumba/Skin bag for fat.
Omburo/Source: Völkerkunde-Museum Berlin, von Francois, 1891.
(Otjiperendero/Photograph: A. Otto-Reiner, National Museum of Namibia)

Married Ovaherero women wearing ekori/headdresses at Okahandja in 1876.
Omburo/Source: W.C. Palgrave Album, National Museum of Namibia.

Group of unmarried Ovahimba women at Omurangete, 2004.
(Otjiperendero/Photograph: Ranjosiua Japuhua)

CHAPTER 1
Pastoralism in Ovaherero society

1.1 Ovaherero society

The Ovaherero are a Bantu ethnic group inhabiting parts of southern Africa (Vivelo, 1977), and are assumed to have migrated into present-day Namibia during the 16th century (Pool, 1991). The majority reside in Namibia, with the remainder found in Botswana, South Africa and Angola. The Ovaherero ethnic group is comprised of people who speak dialects of the Otjiherero language, namely Ovaherero, Ovahimba, Ovatjimba, Ovambanderu, Ovazemba and Ovakwandu (Gewald, 1998). These people, besides speaking dialects of the common language Otjiherero, share a number of cultural traits that relate to social organisation, cosmology, epistemology, preferred economy and spatio-political organisation. Groups in Angola include the Mucubal, Kuvale, Zemba, Hakawona, Tjavikwa, Tjimba and Himba, who regularly cross the Namibian/Angolan border when migrating with their herds of cattle. Vedder (1966, p. 45) describes them as follows:

> The Hereros are mostly tall, they have well-formed bodies, chocolate-brown skins, black, crinkly hair, and a striking appearance: a real ruling race, with many of its good points and all its bad ones.

Ovaherero are traditionally pastoralists, unlike most Bantu ethnic groups who primarily engage in mixed herding and cultivation or agro-pastoralism (Drechsler, 1980; Kizza, 2010). In support, Cooker (2001) states that Ovaherero make a living tending livestock.

In their oral narrative, Ovaherero refer to themselves as having come from the Great Lakes of Africa, as evidenced by a recitation about the origin of the present-day Ovaherero:

> *Ovaherero va za komao omanene wa Afrika.*
> *Va za kehi rotuu tu tu ha kava.*
> *Ovaherero va za kOmbandwa ya Rukombo.*
> *Ave ekutura pOkarundu ka Mbeti ka Hamujemua*
> *Ku ka umb' ombunda mezeva aayo ongandu*
> *Ku ke ri peke oongungayou.*

Which translates to:

> Ovaherero came from (the) Great Lakes of Africa.
> They came from a land of reeds that never dry up.
> Ovaherero came from a place called Mbandwa of Rukombo.
> They came and settled at the Hill of Mbeti of Hamujemua
> That is lonely like an elephant.

The recitation is supported by Vedder (1928, p. 156), as quoted in Bollig and Gewald (2000: 10), who assume that:

> The Herero were of Hamitic ancestry and had migrated from the region of the Great Lakes towards southern Angola only to be held up by the insurmountable barrier of the Atlantic Ocean, afterwards crossing the Kunene River and entering southwestern Africa.

1.2 History of Ovaherero cattle

Hahn (1869) described Ovaherero as rich in measureless herds of cattle and small stock. Ovaherero possessed over 150,000 head of cattle in 1890 before German colonialism (estimated in the *Report of the Natives of South West Africa and their Treatment by Germany*, 1918, as quoted by Silvester and Gewald, 2003). When asked about the origin of cattle owned by Ovaherero, our informants from Kaokoland narrated that:

> Cattle were wild animals seen by a man of Omukwendata matrilineal descent (matriclan). Some claimed that cattle were animals of Kahozu of Mbuti that were seen by Tjiumba. This man of Omukwendata matriclan went hunting and saw calves of unknown animals resting under a tree at a natural pan (*erindi*). Immediately the mothers of the calves came and the calves started suckling. The man ran to his wife of Omukwendjandje matrilineal descent (matriclan) and informed her that he had seen strange, tame animals with big udders. In response, the wife advised that they should go and see these strange animals. When they arrived at the natural pan, they found only the calves resting under a tree because the cows had gone to graze and the man showed his wife these calves of the strange animals he saw. In a matter of a few minutes, the cows returned from grazing and started suckling their calves. The woman advised the man that they should make an enclosure with nearby bushes and they both immediately built an enclosure. These wild animals did not run away and they managed to confine them. The man approached the beasts and milked them, and this fresh milk later became sour milk. That is the history of how Ovaherero acquired cattle.

Before the advent of colonization, Ovaherero kept indigenous Sanga cattle (*Bos taurus africanus*) that had a variety of coat colours and patterns. According to

Oosthuizen (1996), writers differ on the naming of the specific populations of Sanga cattle breeds. Poland and Hammond-Tooke (2003) recounted that 'Sanga' was a widely used term for almost any African indigenous breed, while Armstrong (1984) states that no Sanga-type cattle are sufficiently different from the others to be described as a separate breed despite regional names. Thus Armstrong (1984) proposed that these cattle be named 'Sanga' with an additional word to denote the local ecotype in order to obviate confusion with names. To amplify his statement, Armstrong (1984) cites the Afrikaner, Nguni, Pedi, Venda, Ladim from Mozambique, Nkone from Zimbabwe, Ovambo, Kavango, Botswana and cattle of the Caprivi area as Sanga-type breeds that evolved in Southern Africa. On their part, Poland and Hammond-Tooke (2003) list the Nguni, Pedi, Ovambo and Africander as some of the local strains of the Sanga. Plug and De Wet (1994) cites Tswana, Damara, Ovambo, Nama, Nguni, Bapedi, Basotho and Bolowane as Sanga-type breeds. In contradiction, Scholtz (2011) states that the following ecotypes should be recognised as Nguni cattle: Swazi, Pedi, Shangaan, Venda, Zulu, Kaokoland, Ovambo, Kavango, Caprivi, Mashona, Nkone, Tswana, Barolse and Landim.

The Sanga cattle, due to natural selection that has taken place over centuries, have certain characteristics, which include adaptability to harsh environmental conditions, hardiness and resistance to drought, as well as resistance to heat and tickborne diseases (Van de Pypekamp, 2013; Oosthuizen, 1996). The ability to produce and reproduce under harsh environmental conditions has been well documented (Curson, 1936; Curson & Thornton, 1936; Brown, 1959, Maule, 1973; Barnard & Venter, 1983; Scholtz et al., 1991). Ticks and tick-related diseases are a major cause of cattle mortalities in most parts of Africa (Scholtz et al., 1991; Oosthuizen, 1996) but the Sanga-type cattle have the valuable attribute of tolerance to tick-borne diseases (Brown, 1959; Spickett & Scholtz, 1985; Schoeman, 1989; Scholtz et al., 1991).

The Sanga-type cattle are heat resistant due to their vascular skin, a short shiny coat and a higher surface area per unit of weight with more sweat glands (Van de Pypekamp, 2013). They are also light tolerant because their hides are able to reflect infra-red light without stress or injury, and they have dark pigmentation in sensitive areas (Oosthuizen, 1996).

Sanga-type cattle are fertile and cows calve with ease, producing ten to twelve calves in their lifetime despite the harsh environmental conditions they live in (Oosthuizen, 1996). This is supported by Van de Pypekamp (2013) who reports that the Nguni, one of the strains of Sanga-type cattle, produce more calves during their lifetimes when compared with exotic cattle breeds.

1.3 Cattle in Ovaherero life

Cattle form such an integral part of the lives of the Ovaherero, it is difficult to over-emphasize their importance within Ovaherero culture. An Omuherero, as stated by Vedder (1966, p. 47), used to give all his body, time, power and life for his cattle. The praise poem of Otjindjerese settlement near Opuwo in Kaokoland is one typical example which illustrates this:

Ookomuzorondu wokavanda
Ngwa horeka ozongombe
Nu a yandja omuinyo kovazepe.

The poem translates to the following in English:

To a place of a black-skinned person (i.e. dark in complexion)
Who hid his cattle
and gave his life to the enemies.

Cattle are used in ceremonies, exchanged among kinsmen, form the payment of dowries (bride prices), as well as being a symbol of wealth and status. In support, Herskovits (1930, p. 70) states that cattle afford an owner a social position. In addition, cattle are sold to meet households' immediate financial needs and nearly all punishments or fines are made in the form of cattle (Talavera et al., 2000). Furthermore, oxen in the Kunene Region are reserved for funerary rites (Paskin, 1990). In some cases, people are buried in cattle hide and the horns are placed on the graveside.

Ovaherero attach great value to cattle despite the fact that they do not keep written accounts and rarely used to brand their cattle in the past (Bollig & Gewald, 2000). Ovaherero identify their cattle by characteristic features such as coat colours and patterns (Viehe, 1897). In particular, there is a distinct set of restrictions with respect to the keeping of cattle of particular kinds (Gibson, 2009). These restrictions are linked to the patriclans (*otuzo*), each *otuzo* having a set of restrictions pertaining to keeping cattle of a particular kind in terms of colour, colouration patterns and horn formations, and the consumption of their meat or milk. Failure to adhere to these restrictions or taboos imposed by the ancestors can result in misfortune. These taboos differ from patriclan to patriclan (Hangara, 2017; Viehe, 1902, as cited in Gibson 1956; Irle, 1906; Dannert, 1906).

Ovaherero have praise poems that are at times difficult for a non-Otjiherero speaker (or Otjiherero speaker without the cultural background) to understand because, as stated by Oosthuizen (1996), translations of the vernacular often give rise to inaccuracies. Sherzer and Woodbury (1987, p. 10) and Kavari (2000, p. 64) admit the difficulties of translating praises and poetic texts as well as oral texts, and that even the best translator will not be able to mirror the structural features of the original in a translation and still capture and preserve the original meaning in all its delicacy because of external allusive references that are made in these types of texts.

In Otjiherero orature, praise poems are equated to spice in food and therefore a speaker who uses praises in his or her speech is regarded to be eloquent. As stated by Förster (2005), every place inhabited either permanently or temporarily by members of an Ovaherero community has been given one (*omuṱanḓu*) or more praise poems (*omiṱanḓu*) that tend to be known by the wider Ovaherero-speaking community. Cattle feature prominently in praises of places by Ovaherero-speaking poets, singers, dancers, or historians, in a variety of ways. Praises of places reveal significant events which took place there, narrate which prominent people and/or homesteads are settled there, and the prominent individuals either born or buried there within their cultural context (Förster, 2005).

The deep love and respect Ovaherero have for their cattle is captured in the many praise poems to cattle and other poems about them, for example, this praise poem recorded by Kavari and published in Ohly (1990):

Hakuti na Kombango
Tjitwerangama na Kuundja
Tjerihunga wamukaa Kanguati
Ozombati ozombambaro
Omaambi ovihupuro
Ozondwezu nḓa kateer'
Omuṱi ohimho oɾupapa
Kongombe ya Tjambi orupera
Ozondwezu nḓa muniku Kangundumane
KOvihaemwa vyamukaa Tjombe
KOvikurunguma vyamukaa Tjombe
Mbi ha emwa ozongombe
Aza taur' ongoro
Aza nu amaze ziz' omeva
Kozondjeo oozondjamba
KOvivapaombe nḓa harer' okuṱ' erambu
Ombura kEtoneno arire ṱji ya rok' omundjororo

The poem, describing cattle in a figurative way, translates to the following in English:

Hakuti (Field) and Kombango (Cavern)
Tjitwerangama (Any-one killer) and Kuundja (Waiting)
Tjerihunga of Kanguati's wife,
Their ribs are big splinters,
Their shoulder blades are spades,
The braves (cattle) which went to break
The pole of tambuti tree
At the (place of) ox of Tjambi with a patched belly,
The braves which were seen at Kangundumane,
At Ovihaemwa (Don't throw down) of the woman of Tjombe,
At Ovikurunguma (Old-hard sheep-skin) of the woman of Tjombe.
Which are not thrown down,

When the cattle will run away like zebras,
They (cattle) were drinking
And water was running from
Their jaws like (from that of) elephants,
At Ovivapaombe (white-cattle) they were starving
(But) the rain came down continuously at Etoneno.

G. N. Mate in Kamupingene (1985) wrote this poem to cattle titled *Ozongombe*:

Noruveze noupore nawa
Ayo kaze na ku maze i
Tjinga amaze tjiwa,
Okunyonganyonga okuyenda ku mo i
Otjomueme komahozu eri nde nonyota,
Onde nomazumo omatwezu
Nondu maze yoora otja nde nondjara

The poem translates to the following in English:

Conveniently and calmly
As if they go nowhere
Although they know,
slowly but surely to go where you want
Like the dew on the grass while they are thirsty,
They have big belly
And they ruminate as if they are hungry

E. U. Ngurunjoka in the same publication by Kamupingene (1985) wrote this poem to cattle titled *Muniazo*:

Ozombaranga nomariva,
Kaze tumbirwa mumwe.
Nombani ye meke
Nekori rongwe
Kongotwe yorupatambwindja rwe.

Ozombahozu nozombahiona
Muniazo u nazo
Ozosazu nozosaona
Ozombotozu nozombotoona
Muniazo u utumbira peke.

Ra i ra karekareka
KooHengua na Ngore,
Ozohanya zaro
Maze kenakenisa ozonya zazo,
Kaze tumbirwa mumwe Muniazo.

The poem translates to the following in English:

> With straight and downward horns
> With his knobkierie in his hand
> With leopard hat
> Behind his big herd
> The white-and-brown cows and oxen
> The owner has them
> The brown cows and oxen
> The belly-spotted cows and oxen
> The owner drives them where he wants them
> The sun is setting
> At Hengua and Ngore[10]
> Its rays
> Make their horns shine
> They are not bred together Mr Owner

1.4 Economic importance of cattle

Cattle provided products that formed the livelihoods of Ovaherero over centuries. When asked about the importance of cattle to an Omuherero, our informants from Kaokoland poetically stated that:

> Cattle are a source of life to an Omuherero.
> Cattle raise an Omuherero child.
> An Omuherero utilises every part of a beast.
> Cattle give us wealth and pride.
> Cattle are our source of income.

Milk, meat and fat

Cattle provide the bulk of food for Ovaherero families in the form of milk, meat and fat. These by-products form the basis of Omuherero livelihood. Milk is consumed on a daily basis in the form of *omaere* (sour milk) and every morning the milk is taken to the sacred or holy fire for tasting by the head of the household before it can be consumed for the day. Ovaherero enforce strict rules and taboos regarding the consumption of milk, and thus milk from a household of a particular patriclan belongs to the members of that clan and may not be consumed by people who do not belong to that patriclan.

Milk is churned in large calabashes (*ozoṇḑukwa*) by women in the homestead and the resultant butterfat is cooked and then traditionally stored in skin containers known as *otumba*. The butterfat from milk is mixed with red ochre (*otjize*) and applied to the skin by the Ovahimba and Ovaherero in Kaokoland. Besides being applied to the body for protection against the sun, butterfat is used in rituals.

---

[10] These are two personalities in Otjiherero culture who live where the sun sets.

Ovaherero utilise every part of a slaughtered animal, and strict custom determines how the meat is divided and distributed among family members and neighbours, as listed below:

Etumbo nokurama – the leg, including the femur bone, belongs to my father (ovya tate). If my biological father is no longer alive, this meat or part of the carcass belongs to his living siblings.

Eokoro nokuwoko – the upper forelimb including the humerus belongs to the head of the household's younger brothers (ovyovangu vandje).

Evango – the ilium part belongs to the head of the household's neighbours (orovararanganda).

Ongunde (onyama yevangona) – the ischium part belongs to the children of the head of the household's sisters (oyovasya vandje).

Etambo – the back (chine and loin) belongs to the head of the household's sisters (orovaṯena kwandje).

Omutwe (otuhongwe) netumbo – the neck and thigh or leg belong to the elderly people (ovyovandu ovanene okuza mu tate okuyenda kombanda).

Engoti noura – the neck and the intestines belong to the boys that herd or to the herders (ovyovanatje ovazandu imba ovaṯuta or ovarise).

Ovihapura (ovipongoryo) nomatangara – the kidney, heart, lungs and tripe belong to the women (ovyovakazendu).

Ehuri orukongonona, eraka, eyuru, okaṯupa komutjira, orukete notjiuru – the liver, tongue, muzzle, nose, tail, forelimb/radius and ulna, and head belong to the male who is the head of the household and his wife (ovyovanene vonganda/omurumendu nomukazendu).

Epindi – the lower hind limb belongs to the head of the household's senior wife or great wife (oromukazendu omuini wonganda).

Ozonyu nozondjehwe – the hooves and muscles of the hind limb belong to the boys (ovyovanatje imba ovazandu).

Hides and skins

An Omuherero would use cattle hide as bedding before or even during the advent of blankets. Omuherero articles of clothing made from cattle hide are mainly back aprons for women (oruheke), women's headdresses (ekori or otjipa), traditional belts or girdles for both men and women (ozohini), sandals (ozongaku), ornamented ankle decoration (ozongorova), and necklaces (omatwi) on which pieces of cattle ears are strung. The omatwi necklace indicates that the wearer is his wealthy father's favourite son.

Before the advent of coffins and even to date, cattle hides, preferably from favourite oxen (ozongombe ozohivirikua), serve as the burial shroud. Other articles made from cattle hide include short rope (omuvya omukande) for tying up the hind legs of cattle during milking and long rope (*ohirima*) used when taming cattle. Thin strips made from the hide (*ozondoo*) are used in articles of clothing or other objects. These include:

- *omihanga* – women's leg ornamentation
- *omitombe* – women's corset made of ostrich eggshell and beads
- *etanda* – women's belt
- *onya* – the lid and bottom part of horn containers

Different types of ropes for tying are all made from hide. Thin strips of leather (*ovindanda*) are used on calabashes, and sacred calabashes are specially decorated.

Bone and horn

The horns of cattle are placed at the graveside of the deceased as a tombstone. The numbers of horns placed at a graveside are dependent upon the wealth of the deceased.

Other objects made from the horn include horn containers (*onya*) which hold a mixture of red ochre powder and butterfat; men's necklaces (*ozohiva*) made from horn tips; a smoking ornament (*ombinga yomakaya* or *otjisengiro*); and a cupping or suction instrument (*oruṭumo rokukwika ombinḍu*) which is made from the tip of a horn to draw blood from a person when bitten by a snake or with a swelling.

Four bones from the lower part of the tail are strung together and worn as a necklace by newly-married women. These bones are given names and when the married woman gives birth the children are given those names. In Ovaherero culture, a married woman is not called by her name but rather by her first child's name.

Dung

The sun-hardened clay huts (*ozondjuwo*) that provide shelter against cold and rain are made of a mixture of cattle dung, wood, clay and water. The same mixture is used as flooring for these huts.

Blood and rumen content

The blood of cattle is cooked and then consumed. If an Omuherero child is cursed (*tja huhwa*), a beast is slaughtered and its blood is rubbed on the affected child's body as part of the cleansing process.

Ovaherero extract fluid from the rumen content and use this fluid to cook meat in, and even drink this fluid to quench their thirst. The rumen content is used for cleansing purposes if a trespasser offends the ancestors or disobeys a taboo. A beast is slaughtered and the trespasser, as part of the cleansing process, steps on the rumen content. Additionally, it is taboo for an Omuherero man to have sexual intercourse with someone considered impure in Ovaherero culture. The offender is considered unclean and is washed with rumen to cleanse him.

1.5 Cultural and religious significance of cattle

Cattle have particular roles or ritual significance in Ovaherero tradition and culture, starting from a child's birth until death. With reference to pastoral societies of eastern and southern Africa, Herskovits (1930, p. 70) writes that:

> ...[cattle] are utilised in ceremonials having to do with human beings, birth, marriage, puberty and death, and their care is the privilege of the owner...

Ovaherero have specific names or terms for cattle used during rites of passage. The roles and significance of cattle will be explained under the headings Cattle and birth; Cattle and pre-puberty; Cattle and puberty; Cattle and marriage; Cattle and death; Cattle and ancestral worship; Cattle and bravery/achievements/accolades; Cattle and conflict resolution; Cattle and omens, and Cattle and battles/skirmishes. The word *ongombe* (*ozongombe*) denotes a beast (or beasts) of either sex. *Ongombe* is a generic word used for cattle in the Otjiherero language.

Cattle and birth

Ongombe yotjivereko (Katjivereko/Kamukorero) – A heifer that a father gives for a child born out of wedlock as a sign that he fathered that child. According to Ovaherero culture, a child born out of wedlock will only belong to the father's patrisib (patriclan) if he pays this beast to the mother's father, or else the child will belong to the mother's patrisib (patriclan) if he does not pay this beast.

Ongombe ohakera – A heifer that a father or mother gives to a newborn child during the child-naming ceremony. A child receives an *ohakera* beast from either parent at a later stage in life without buying it.

Ongombe ombwena – A beast (preferably a calf) for eating that a man gives to a woman whom he impregnated and who gave birth. This beast can be substituted with a sheep or goat. Men are strictly forbidden to eat from this *ombwena* meat.

Cattle and pre-puberty

Ongombe yomukandi wozondato/wokutengwa ozondjise – A beast (preferably a castrated calf or tolly) that a father slaughters during the hair plaiting ceremony of his daughter in Ovahimba culture. An Omuhimba girl will generally have a small crop of hair on the crown of her head and during this ceremony, this hair is sculptured into two braided hair plaits extended forward towards the face, often parallel to her eyes. If a girl is a twin, then she will wear only one single braid.

Ongombe yomukandi wokusetwa ozondjise – A beast (preferably a tolly) in Ovahimba culture that a father slaughters during the hair braiding ceremony of his daughter. The daughter at this stage is older than the girl referred to in the paragraph above. During this ceremony, the girl's two braided hair plaits extending forward towards the face are braided into textured plaits around her head.

Ongombe yomukandi wozongorova – A tolly that a father slaughters in the homestead for his daughter's *ozongorova* ceremony in Ovahimba culture. *Ozongorova* are soft leather pieces made from the skin of this beast placed under the woman's leg ornamentation which consists of metal beads (*omihanga vyokomarama*). Even if she is married, the daughter returns to her father's homestead to get new *ozongorova* until her death. A beast is slaughtered every time the daughter needs new *ozongorova*.

Ongombe yomutjira – A tolly slaughtered to make a girl child's traditional apron (*omutjira*) before she reaches puberty. This applies to the Ovaherero of Kaoko culture

Ongombe yomukandi wokusukara – A tolly slaughtered to celebrate a boy child's circumcision before he reaches puberty. The meat of this beast is consumed by everyone in the homestead. Before the circumcision event, the boy is taken to the sacred fire and the ancestors are informed. His traditional attire is removed and *ondomo*, which is a mixture of crushed root from the *ondomo* plant, is applied to the boy's forehead. If the root of the *ondomo* plant cannot be found, the roots of *umuhe* (*Grewia flavescens*) are used instead. Thereafter, the boy is taken to a tree designated for the circumcision event. After the circumcision event, an Omuhimba child's hair is plaited into one plait known as *ondato* extending to the rear of the head.

Cattle and puberty

Ongombe yokuwapehi (yokuteya omuhama) – A beast (preferably a tolly) slaughtered when a girl reaches puberty. In Ovaherero of Kaoko culture, this beast is slaughtered for celebration when a girl wears *ozombateka zombo-ngora*. At this stage, the girl is not ready to marry until *ozombateka zombo-ngora* are removed. *Ozombateka zombongora* are loose strings of shell beads worn in a criss-cross manner from the neck to below the arms.

Ongombe yokuisako ozombateka – A beast slaughtered to remove *ozombateka zombongora* from a girl who has reached puberty. The ceremony signifies the change of status from that of child to a person of marriagable age. This applies to the Ovaherero of Kaoko culture.

Cattle and marriage

The Ovaherero marriage ceremonies are very complex and thus do not fall within the scope of this book. The focus here is on cattle exchanged at marriage ceremonies, and cattle slaughtered at *ondjova* and *otjoto* ceremonies. *Ondjova* refers to a ceremony held to welcome the bride into the groom's father's homestead and patriclan, while *otjoto* is a ceremony held to welcome a young man into manhood after he marries.

Ongombe yovitunya – A reddish ox that a father receives as dowry for his daughter. The ox is slaughtered and half the carcass is given to the bride's maternal relatives. The bride and the groom are prohibited from eating the meat of this ox. In Ovahimba culture, this ox is slaughtered at the groom's parent's homestead.

Ongombe yozoṇḍu – A tolly (young castrated male) that the bride's family receives from the groom. It accompanies the ox (*ongombe yovitunya*) and heifer (*ongombe yorutombe*, see below) and is called the 'beast of the sheep' (*oṇḍu* denoting sheep) because it can replace the four sheep that are normally given by the groom to the bride's family. The four sheep consist of a big castrated male (wether), a ewe with a lamb and a young ewe. The wether belongs to the bride's maternal relatives, while the rest belongs to the bride's father. In the event that a tolly is given to the bride's family, the bride's father keeps this tolly and gives a wether to the bride's maternal relatives.

Ongombe yorutombe – A heifer that the bride's family receives from the groom. It is accompanied by an ox (*ongombe yovitunya*) and young castrated beast (*ongombe yozoṇḍu*).

Ongombe onamakuiya – A heifer that a father gives to his daughter in exchange for the heifer (*ongombe yorutombe*) that the father received as dowry.

Ongombe yondjova – A tolly slaughtered to welcome the bride into the groom's father's homestead and patriclan. The carcass is divided lengthwise and one half is given to the bride's maternal relatives. The other half of the beast is cooked and a forelimb is used for rituals. Two pastern bones (*oungotiona*) from the cooked forelimb are strung together and worn as a necklace by a newly-married woman. These bones are given names and when the married woman gives birth later, the child is called by that name already given. In Ovaherero culture, a married woman is not called by her name but rather by her first child's name.

Ovaherero of Kaokoland make bedding (*otjinguma*) for the newly wed couple from the skin of an *ondjova* beast. In Ovahimba culture, the groom softens a piece of the skin from the *ondjova* beast and presents it as a gift to his mother-in-law for making traditional belts or girdles (*ozohini*) and leather (*ozondoo*) for leg ornamentation. Also, the peers of the groom cut a piece of this beast's hide and soften it to make the bride's sandals (*ozongaku*), traditional belts or girdles (*ozohini*), leather (*ozondoo*) for leg ornamentation, thongs for carrying bags (*omivya vyokuverekeramo*) and ropes for tying (*omivya vyokukuta oviyambura*).

Ongombe yomukandi wotjoto – An ox a father slaughters to welcome his son (a young man) into adulthood after he marries.

Cattle and death

Cattle play a significant part in the rites and rituals connected with the death of an Ovaherero. The Ovaherero funeral ceremonies are very complex and thus also do not fall within the scope of this book. Our focus is on terms used for cattle slaughtered or exchanged during the funeral ceremonies.

Ongombe ongondjoza – Any beast slaughtered at a funeral.

Ongombe ongundamutambo – A beast given by a man to his in-laws when they have a death in the family.

Ongombe yohepu (yehepu) – A heifer given by a father when his child born out of wedlock dies. This applies only to Ovaherero of Kaoko culture. This is not applicable to the Ovahimba culture because a child born out of wedlock belongs to the mother's father. In Ovahimba culture, it is unacceptable for a woman to give birth to a child out of wedlock, and as a result children of a woman who is not married belong to her father. This implies that such a child is considered a sister or brother of her biological mother.

Ongombe yomuzikwa – A selected ox slaughtered when a deceased is head of a household. Leather strips are made from its skin and tied to the arms of the orphaned children. The meat of this beast is only consumed by orphaned men, thus women and children whose fathers are alive, are strictly forbidden to eat its meat.

Ongombe yepingo – An ox given as reward to those who dug the grave of a deceased person. Digging of a grave was a mammoth task in the past because of the lack of appropriate tools. The meat of this beast is cooked separately and eaten by those who dug the grave on the same day. Men, whose fathers are still alive, and women are strictly prohibited from eating the meat of this beast. Depending on the number of people who dug the grave, the ox may be replaced with a sheep or goat.

Ongombe ondara yomuini – A favourite ox which has been earmarked by the owner for burial rites. Its horns are placed on the graveside. The skin of this beast becomes his or her burial shroud (Paskin, 1990). In support, Silvester and Gewald (2003) report that the skin of a favourite Omuherero ox (*ongombe ohivirikua*) serves as shroud and the skull of the beloved animal bleaches (as a grave memorial) on a neighbouring tree.

Ongombe ongondjoza ndja tetwa – A beast, or a number of beasts, sin-gled out and slaughtered as sacrifice at the funeral of their owner. An indi-vidual Omuherero always reserves a number of cattle for sacrifice at his or her funeral. The number of the sacrificed cattle depends on the wealth of the deceased (Silvester & Gewald, 2003). Oxen in the Kunene Region are reserved for funerary rites (Paskin, 1990). Irle (1906) reported 60 sacrificed cattle in one case and 250 in another, while Vedder (1928) observed sacri-ficed cattle ranging from 10 to 200. The meat of these sacrificed cattle may not be consumed by individuals belonging to the same patriclan (*oruzo*) as the deceased (Bollig & Gewald, 2000).

Ongombe yokuteya omutambo – A beast (preferably an ox) slaughtered to signal the end of the mourning period.

Ongombe yekori, yozondjaṭu – The beast of a woman's headdress (*ekori*). Another name for this beast is *ongombe yozondjaṭu* (beast of bags). *Ekori* is a woman's headdress made of leather ornamented with metal and ostrich egg-shell beads. When a married woman dies, the husband or her family should take back her *ekori* and other belongings (*ozondjaṭu*) to her parents' house. This beast is usually a cow with its calf that a husband gives to his wife's family to accompany the headdress or belongings of his deceased wife.

Ongombe yozongune – The beast of firewood (*ozongune*). When a married man dies, his family gives a beast to the widow in recognition of the role she played in taking care of her deceased husband.

Cattle and ancestral worship

Ancestral worship is an important part of the Ovaherero culture and this sec-tion will focus on terms for cattle used for different rituals during the tombstone unveiling, commemorations and worship.

Ongombe omuaha yoviruru – A sacred beast of the ancestral spirits or ghosts. This beast is a heifer or cow that licked a grave or ate mopane tree leaves (*ombweya*) placed at the grave of the deceased during the tombstone unveiling or annual commemoration. This beast becomes sacred to the ancestors, with its own sacred wooden vessels and calabashes. The women are strictly forbidden from drinking its milk, while the latter may be offered to any men to drink, even strangers.

Ongombe omuaha yomeva – A sacred beast of water, a tolly or ox that licked a grave or ate mopane tree leaves (*ombweya*) placed at the grave of the deceased during the tombstone unveiling or annual commemoration. When people return to the homestead from the grave(s), this beast is slaughtered and its meat is eaten by elderly men only.

Ongombe ondumehupa – Sacred beasts of the patriclan connected with the ancestors. Hangara (2017) deals extensively with Ovaherero patriclans and the sets of restrictions pertaining to keeping cattle of a particular kind. These cattle have their own sacred wooden vessels and calabashes. The milk of the sacred cattle is never offered to strangers to drink because it will make them sick or kill them. According to Ovaherero tradition and custom, these sacred cattle are inherited patrilineally, first from elder brother to younger and then from father to son. Similarly, Oosthuizen (1996) reports that the Zulu have *inkomo yamadlozi.*

Ongombe yokupweya omaso – A beast slaughtered in the homestead to appease the ancestors. A ritual is performed and thereafter the meat of the beast is consumed by everyone.

Cattle and bravery/achievements/accolades

Omwaha onautoni – This is a sacred beast for bravery or victory. If a person has killed a human being or one of these wild animals: a lion, an elephant, a leopard, a baboon, a lynx or a vulture, he/she is taken to a resident brave man who has in the past killed such animals or a human being, for him to incise bravery marks called *outoni* on his/her body. The milk of these cattle is never consumed by women. Only certain men are offered this milk to drink, especially if they have committed brave deeds in the past.

Ongombe yovirya – A beast bought by a woman with proceeds from the sale of her crop produce, mainly pearl millet or maize. The inheritance of these beasts is through the maternal line.

Ongombe yomingu – A beast bought by a woman with proceeds from the sale of mopane worms harvested. The inheritance of these beasts is through the maternal line.

Ongombe yomitombe – A beast bought with proceeds from the sale of ostrich egg shells.

Ongombe yeyo rondjou – A beast bought with proceeds from the sale of elephant tusk(s).

Ongombe yomuhiva – A beast slaughtered in a homestead when people are performing traditional Ovaherero dances *(outjina, omuhiva* or *ondjongo).* These dances can be performed in the homestead yard as a way to relax and especially to educate young children.

Cattle and conflict resolution

Ongombe yokuhanganisa ovandu – A beast slaughtered to reconcile people, especially close relatives or siblings who have had a dispute. A ritual is performed and thereafter the two people shake hands and reconcile.

Cattle and omens

Ovaherero were given the knowledge to interpret omens and to predict events. Omens give signs of something good or bad to come, and our ancestors used those omens to avoid accidents and to foresee the good fortunes to come. Cattle behaviour portends events or happenings, for example, in his oral narrative, Kaputu (2018) states that if cattle rest on the left side of the holy fire, they are foretelling an inauspicious event to come, be it a drought or an epidemic.

Hangara and Marenga (2018) cite some cattle omens:

- If a bull or a cow that has recently calved dies in the homestead, it is an omen that the owner was doomed to die. The interpretation is that the bull or cow sacrificed its life to save its owner.
- If a beast always sticks out its tongue, it is said to portend death of the head of the household (male or female).
- If an ox returns alone from grazing in the veld after being let out with other cattle, it is said to portend death in the family.
- When cattle fight each other in the kraal, it is a propitious sign that they will multiply (increase in numbers).
- When newly born calves fight each other in the kraal, it is said to foretell the coming of guests.

Cattle and battles/skirmishes

According to Kaputu (2018), Ovaherero likened cattle to humans and thus cattle took part in battles and skirmishes. Ovaherero could tie a cow that had just calved, with its newly born calf, or an ox, to a tree during a battle or skirmish. When this beast bellowed, it angered the fighters and motivated them to fight bravely in order to win. The names of cattle that took part in battles or skirmishes are many and the authors will mention only a few. At Ouzoroue in the vicinity of Omitara District of Omaheke Region, a beast of Nauanga was tied to a tree by people of the rain matrilineal clan (*Ovakwenambura*). They fought heroically until the enemies retreated to Gobabis. A black and white (*ombonde*) beast particplated in the battle of Okandjira village near Okahandja, and all men of Ombongora patriclan perished fighting alongside their beast. As a result, only their widowed wives reached Ohamakari near Waterberg plateau.

A beast praised as having metal hard ilia (*yomavango ovitenda*) came with Mureti of Kaupangua and Kauua of Nangava of Ngondokera and participated at the battle of Otjozongombe. Uahere of Ngao and the descents of Tjivikua and Ndura of Nḓenḓu also fought in this battle.

An ox known as Kandandona, which was white with relatively large red patches on its body (*ombawe*) took part in battles at Ozonde of Muronga, Okahandja, Osona and Otjosazu.

1.6 Ovaherero cattle husbandry techniques

An Omuherero is dedicated to the well-being of his cattle as illustrated by the quote from Silvester and Gewald (2003, p. 71):

> For the sake of his cattle no labour was too great. For long hours beneath a scorching tropical sun, the Herero would draw water, bucket by bucket, from the water-holes or wells for his animals to drink. They dig their water-holes at cost of infinite labour, the sharp horn of the gemsbuck being the substitute for a spade, and a gourd serving for the bucket. And for days and weeks he would persevere, despite terrible hardship and privation, in search of some lost or strayed animals. His whole object in life was the increase and preservation of his herds which, in the favourable environ-ment and climate of Damaraland[11], thrived wonderfully.

An informant[12] narrated that the care of cattle is exclusively a man's occupation. From as early as the age of four to five, a young Omuherero male child is involved in the care of livestock, starting with the herding of goat kids. At this age, a boy will accompany his elder sibling(s) to herd goat kids, and when just a little older he will be left to herd the goat kids alone. From the age of around ten years upward, the boy will graduate to herding goats, and the responsibility of herding goat kids will be taken over by another younger boy or boys. Later in life, this boy will go with other boys or adults to herd cattle all day. An Omuherero man will herd his cattle until a stage in life when his body can no longer cope due to old age or ill health.

To support the above, the praise poem of Ovakwauti matrilineal clan gives a typical example of an Omuherero man's devotion to his cattle:

Ovikururume mbi karisa avya kurupa
Ozonyanga aza kondoroka ozongoro
Nu ozonḑi aza kondoroka oviuru

Which translates to:

> The elderly men that drive cattle to pasture while suffering from knee pains
> And whose heads have turned grey due to old age

---

[11] Silvester and Gewald (2003, p. 71) explain the background to the term 'Damara' and 'Damaraland': "All early British travellers, such as Alexander, Galton, Green, Andersson and others refer to the natives as 'Damaras'. This accounts for the name Damaraland, which correctly should be 'Hereroland'. The word Damara is a corruption of the Hottentot word 'Daman'. They called the Hereros 'Buri–Daman' or Cattle-Damaras; while the Ovambos and Berg Damaras were called respectively 'Corn–Damaras' and 'Dirty–Damaras'. Captain J. E. Alexander, *An expedition of Discovery into the Interior of Africa* (1837), was the first writer to refer to 'Damaraland' and the 'Damaras'. He returned to the Cape with reports of Damaras living in the north who possessed great herds of horned cattle".

[12] Interview conducted with Kombombue Musutua of Otjirumbu in Kaokoland, Namibia, 20 January 2019

Cooker (2001) states that the Ovaherero make a living tending livestock, herding and penning or kraaling cattle at night, one of the techniques employed to guard cattle from theft, straying and predation. When grazing around homesteads diminishes, cattle are taken to areas (cattle posts or *ozohambo*) where forage is in abundance. Even the exiled Ovaherero in Ngamiland of Botswana established cattle posts in areas of good grazing and water availability (Gibson, 2009, pp. 114-115). This practice has stopped in central and eastern parts of Namibia, and it is currently practised only in Kaokoland, part of present-day Kunene Region.

Ovaherero have a double descent system, a matrilineal (*eanda*) and a patrilineal (*oruzo*) line. The matrilineal system is characterised as a socialistic system, and during times of hardship, an Omuherero would turn to his matrilineal relatives for support. The following quotation from Silvester and Gewald (2003, p. 72) supports this statement :

> ...[T]he Herero socialistic system of Eanda trust property rendered it impossible for even the poorest Herero to be without sustenance. If he possessed no stock of his own through disease or misfortune, he could always call on the head of his Eanda for an issue of stock on loan.

The patrilineal system (*otuzo*) has a distinct set of restrictions with respect to the keeping of cattle of particular kinds in terms of colour, colouration patterns and horn formations (Gibson, 2009; Hangara, 2017). The Ovaherero by all means possible breed and keep cattle prescribed in their patriclan (*oruzo*). In addition to patriclans keeping cattle of particular colours, colouration patterns and horn formations, Ovaherero also link certain ear notches to specific patriclans and as a result, ownership of stray cattle can be easily traced by colour pattern or ear notches. Members of other households which fall under one patriclan join forces and establish homesteads and cattle posts in close promity to safeguard each other during raids and to support each other during times of hardship and famine. The same view was expressed by Ovaherero living in Ngamiland, and Gibson (2009, p. 117) records that they stated that one patriclan could join another patriclan to form a phratry.

In central Namibia, Ovaherero experienced severe cattle raids from the Nama under the leadership of Jonker Afrikaner during the 1800s. According to Gewald (1998), to avoid raids Ovaherero pawned their cattle to Ovambo kingdoms and also stashed cattle in Kaokoveld and northern Hereroland. Kaokoland was the only area at that time which had not been ravaged by the Afrikaner raids, while northern Hereroland had been largely beyond the playing out of events in central Hereroland, especially cattle confiscations by the German colonial administration and settlers (Silvester & Gewald, 2003, p. 75). Notably, Chief Maharero and other southern Ovaherero chiefs gave their cattle into the care of the exceedingly rich Kambazembi who lived in northern Hereroland (Gewald, 1998, p. 89).

Jonker Afrikaner died in 1861 and was succeeded as chief of the Orlam by his son Christian Afrikaner (Gewald, 1998). Tjamuaha also died the same year and was replaced by his son Maharero (Gewald, 1998). Chief Maharero abandoned his alliance with Christian Afrikaner in 1863 and thereafter defeated the forces of Christian Afrikaner in 1864 (Gewald, 1998). Within a year of defeating the Afrikaner forces, Ovaherero raided cattle back from the Nama, and re-acquired the cattle they had pawned to Ovambo kingdoms and hidden in the Kaokoland (Gewald, 1998).

Ovahimba raided or stole cattle from other tribes in Angola, and the years 1900 to 1901 are called years of *Omiru* ('hills' in English). According to Gibson (1977, p. 97), some Ovahimba went to Ngambwe country in Angola to steal cattle and hid them in the hills. During 1911 and 1912, Oorlog Thom raided cattle at a place called Omburira, and again raided cattle at Ongangona near Ompupa during 1913 and 1914 (Gibson, 1977, p. 98). During the 1930s, Ovahimba were not spared in terms of cattle raids. The years 1936 to 1937 are known for *Ozongo* which means "cries for help against cattle raiders" because some Ovahimba cattle were reported to have been raided by Ngambwe, Kuvale or other Ovahimba (Gibson, 1977, p. 104).

Early warning systems play a key role in the livelihoods of Ovaherero, and warnings from the appearance of sky, moon, trees and animals are used to foretell the coming of a drought. As an example, when *Boscia albitrunca*, commonly known as the Shepherd tree or Shepherd's tree sets fruit before the commencement of the rainy season, it is said to portend a drought or poor rainy season (Hangara & Marenga, 2018). Using these warnings, Ovaherero elders will perform rainmaking rituals or move their cattle to other areas which have received good rainfall. During 1944 and 1945 a certain magician called Kapupa or Muhanda (a man of Handa) was paid with cattle to make rain in Kaokoland, and was captured and required to return the cattle because the rain did not come (Gibson, 1977, p. 106). In another incident, an Omuhimba man from Kaokoland paid Tchisunga (Tyitunga) a renowned Ngambwe rainmaker during 1949 and 1950 and as a result good rains were received (Gibson, 1977, p. 108). An unfortunate event happened between 1963 and 1964 in Kaokoland when the rain failed to come after Munyemba (a man of the Nyemba tribe) who was paid in cattle to make rain, absconded with the animals (Gibson, 1977, p. 111). Gibson (1977, p. 97–108) reports that some of the severe droughts that forced Ovahimba in Kaokoland to move to other places in search of grazing were experienced during the years 1907, 1908, 1929, 1930, 1945, 1946, 1951 and 1952.

To find out how the Ovaherero who survived the German genocidal war in Namibia acquired cattle, one informant[13] indicated that Ovaherero who found employment on commercial farms opted to be paid in cattle for their labour and

---

[13]   Interview conducted at the homestead of Erastus Kazandu Hangara in Epukiro, Namibia, 27 December 2018.

through that process rebuilt their herds. With the creation of reserves by the South African regime during the early 1920s, Ovaherero working on commercial farms sent the cattle they acquired to relatives in reserves for care. Those employed in urban areas saved their meagre wages and bought cattle which they left in the care of relatives in reserves.

1.7 Impacts of events on Ovaherero livelihoods

As recounted in the 1918 *Report of the Natives of South West Africa and their Treatment by Germany* (Silvester & Gewald, 2003), the Ovaherero possessed over 150,000 head of cattle in 1890 before German colonial rule was imposed. Between 1894 and 1904, before the genocidal war, a large number of Ovaherero cattle were captured and distributed amongst the German settlers, mainly after the Ovambanderu Khauas-Khoi war (Gewald, 2000, p. 195).

The Ovaherero stock was further reduced by the rinderpest epidemic of 1896 that spread through Africa and into the current Namibia following the Ovambanderu Khauas-Khoi war. Gewald (2000) reports that within six months the disease killed two thirds of cattle in Hereroland, confirmed by the 1918 Report which states that the disease killed approximately 60,000 cattle and left 90,000 cattle (Silvester & Gewald 2003). Drechsler (1980) reports that some communities lost 95% of their cattle, while Pool (1991) gives a figure of 97%.

As summarised by Olusoga and Erichsen (2010, p. 99):

> There are no precise figures, but the German Commissioner for Settlement later estimated that half of the entire Herero herd, perhaps thirty thousand cattle perished within six months. By the end of the epidemic the missionaries were reporting that some Herero communities had lost 95 percent of their livestock.

According to Leutwein (1906) and Gewald (1999), the German colonial administration enforced a selective culling and inoculation campaign in which diseased cattle were killed for the production of the vaccine. It was reported that the campaign was open for abuse and in the process the Ovaherero farmers either lost their cattle or became indebted to the colonial administration for vaccine which seldom worked (Gewald, 1996). This is supported by Irle (1906) who reported that in Otjosazu, no less than 2,000 of the 3,000 cattle vaccinated died. In Otjimbingwe, 43% of the cattle vaccinated died. The Ovaherero, as reported by Mossolow (1975), completely lost faith in the inoculation program and refused to allow further inoculation to be conducted.

The epidemic effectively broke the economic underpinnings of Ovaherero society in Namibia, and forced the traditional leaders to sell off land to German colonial traders and settlers, while impoverished young men were forced to seek employment outside Hereroland (Gewald, 2000). Evidence presented in the 1918 *Report on the Natives of South West Africa and their Treatment by Germany* (Silvester & Gewald 2003) and Drechsler (1980), shows that with the invasion of German settlers, 1,051 German traders and farmers owned 44,487 cattle while the Ovaherero retained 45,898 head of cattle. The drastic imbalance in cattle ownership was fuelled by dishonest transactions of traders and settlers and combined with the disastrous effects of rinderpest which reduced the Ovaherero cattle herd to 50,000 by 1903 (Alexander, 1983).

Writers on the subject of the 1904–1907 uprising differ, but numerous authors cite the land and cattle questions as the most important and fundamental causes (Bridgman, 1981; Alexander, 1981; Pool, 1979; Drechsler, 1980; Silvester & Gewald, 2003). In the early years of the twentieth century, tensions over maltreatment, land exploitations, cattle confiscations and mistrust between the Ovaherero people and German settlers had risen to such an extent that skirmishes and eventually a full-scale war broke out in 1904 (Gewald, 2000; Drechsler, 1980). The twenty percent or about 15,000 Ovaherero who survived the genocidal war lost both assets (land, livestock and other belongings) and some aspects of their traditional culture (Silvester & Gewald, 2003; Katjavivi, 1988). A series of laws were enacted, the most painful being those that prohibited ownership of cattle, ancestral worship and maintenance of holy fires or *omaruwo* (Bley, 1971).

Missionary Brincker of Okahandja, as quoted by Silvester and Gewald (2003, pp. 31-32), wrote that:

> Herero people possessed cattle which could be estimated in tens and probably in hundreds of thousands. Within 12 years after the furnishing of such protection [German colonial protection], the surviving Herero did not possess an ox, a heifer, or a calf between them. They were forbidden by German laws to own large stock.

According to Gewald (1998, p. 231), the German colonial forces (*Schutztruppe*) were routed and defeated by the South African army units under the command of General and Prime Minister Louis Botha in 1915. Within five years, the Ovaherero cattle herds increased substantially and this led the South African regime to establish reserves (Bollig & Gewald, 2000, p. 21). The creation of reserves (although being restricted areas of less value), gave Ovaherero a new lifeline and they began a conscious attempt to re-model and re-establish their society (Gewald, 2000). In the early 1920s, the Ovaherero in the reserves re-introduced a number of elements that were either prohibited or abandoned in the past, although they were faced with the challenge of how to run a society when most of those with the required cultural knowledge had been killed.

The colonizers, after the end of the 1904–1908 genocidal war, imported bulls of large exotic cattle breeds and started a large scale campaign to cross-breed the indigenous Sanga cattle owned by Ovaherero or acquired (bought or confiscated) from Ovaherero in central and eastern parts of Namibia. Through this cross-breeding, indigenous Sanga cattle with a variety of colours and patterns became increasingly scarce in the central and eastern parts of Namibia. The indigenous Sanga cattle owned by Ovaherero in the central and eastern parts of Namibia could be depicted as an Ovaherero ecotype, following Schinz (1891), as quoted by Molhuysen (1911, p. 10), who states that prior to European occupation there were in South West Africa two types of cattle, the Ovambo in the north and the Herero or Damara in the south (Groenewald & Curson 1933, p. 601). To date, indigenous Sanga cattle are found in Kaokoland of the great Kunene Region (depicting the Kaoko ecotype of Sanga cattle), the four north-central regions of Namibia formerly known as Ovamboland (depicting the Ovambo ecotype of Sanga cattle), the two Kavango Regions (depicting the Kavango ecotype of Sanga cattle), Zambesi Region (depicting the Caprivi ecotype of Sanga cattle), and on a few commercial farms in central and eastern parts of Namibia. With colonization, dehorning of cattle commenced in central and eastern parts of Namibia, and Ovaherero names for various horn shapes and formations are on the verge of disappearing.

Omana woviṋepo kongombe onḓume

Identification of the body parts of a bull

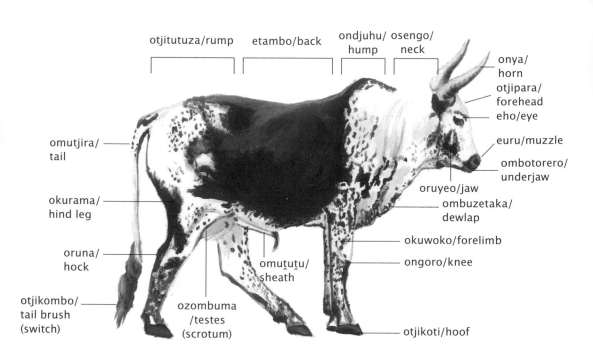

otjitutuza/rump   etambo/back   ondjuhu/hump   osengo/neck

onya/horn

otjipara/forehead

eho/eye

euru/muzzle

ombotorero/underjaw

oruyeo/jaw

ombuzetaka/dewlap

okuwoko/forelimb

ongoro/knee

otjikoti/hoof

omutjira/tail

okurama/hind leg

oruna/hock

otjikombo/tail brush (switch)

ozombuma/testes (scrotum)

omuṱuṱu/sheath

Omana woviṇepo kongombe onḓenḓu

Identification of the body parts of a cow

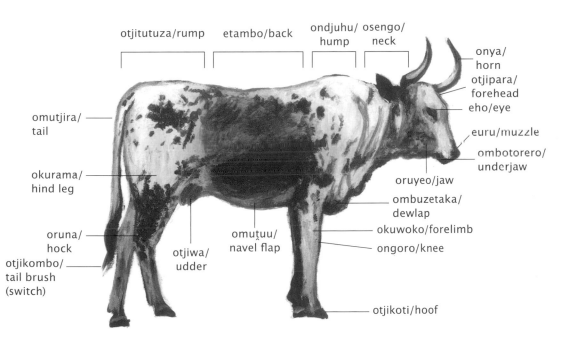

otjitutuza/rump   etambo/back   ondjuhu/ hump   osengo/ neck

onya/ horn

otjipara/ forehead

eho/eye

euru/muzzle

ombotorero/ underjaw

omutjira/ tail

oruyeo/jaw

ombuzetaka/ dewlap

okurama/ hind leg

okuwoko/forelimb

ongoro/knee

oruna/ hock

omuṭuu/ navel flap

otjiwa/ udder

otjikombo/ tail brush (switch)

otjikoti/hoof

EKONDWA 2
Ovivara ovihonapare

Ovivara ovihonapare vyozongombe ozongwatera za Afrika inḏa ozosanga ovyo mbi: otjivapa, otjizorondu, otjiserandu.

Mohungiriro nomatamunino womana wovivara imbi ovihonapare, Ovaherero tjinene ve ungurisa omambo nga:

Ombapa – okuyarisa kutja ongombe ombapa nu oro ari ri embo nda za komuze mbwi -vapa nu porumwe ombosiro indji v [v] i runduruka okurira b [b], tji mai kongorere kombosiro ndji m [m].

Onḏoro – okuyarisa kutja ongombe onḏorozu nu oro ra za komuze mbwi -zoro- nu komuze mbwi ku yenena okuweziwa ovituwakombunda tjimuna -zu, na -ndu, tj. onḏorozu poo omuzorondu nu porumwe ombosiro indji z [ð] i runduruka okurira ḏ [ḏ], tji mai kongorere kombosiro ndji n [n].

Osa – okuyarisa kutja ongombe 'oserandu' nu oro ra za komuze mbwi -sa- nu komuze mbwi ku yenena okuweziwa ovituwakombunda tjimuna -zu okuraisa ourume poo -ona okuraisa oukaze, tj. osazu poo osaona.

CHAPTER 2
Solid colours

In the Ovaherero cultural context, the solid colours found in the African indigenous cattle known as Sanga cattle are white, black and red.

In expressing the various names of solid cattle coat colours, the Ovaherero use these terms:

Ombapa – white. The word is derived from the root -vapa, which means the colour white. Sometimes the sound v [v] changes to b [b] when it is preceded by m [m].

Onḍoro – black. The word is derived from the root -zoro-, which means the colour black, and to this root suffixes *-zu* and *-ndu* may be added, e.g. *onḍorozu poo omuzorondu*. Sometimes the sound z [ð] changes to ḍ [ḍ], when it is preceded by a nasal sound n [n].

Osa – red. The word is derived from the root -sa- and suffixes *-zu* and *-ona* may be added to this root to denote male and female respectively, e.g. *osazu* or *osaona*.

Ombapa/white

Omahandjauriro wOtjivara *Explanation of colour / pattern*	Ongombe ombapa i rira ombapa uriri nokuhina evara rarwe morutu rwayo aruhe. *White without any patch on the body.*
Omahandjauriro warwe	Omaisaneno wozombapa pekepeke: 1. ombapa yomazoroho 2. ombapa ekihi (i nomaseraho nomatwi omaserandu) 3. ombaparumbu 4. ombapa yozonḓera komeho 5. ombapa yozonḓe 6. ombapa yomakoti komatwi
Further Explanation	Ongombe yomuatje tji ya kwata ondana ombapa ndji hi na okavara, omuatje u yandja ondana ndjo ku ihe. Ombapa oruhuna i huna. *The white variations are:* 1. *white with black eyes, ears and muzzle (ombapa yomazoroho)* 2. *white (albino) (ombapa ekihi)* 3. *yellowish white (ombaparumbu)* 4. *white with small spots on the eyes (ombapa yozonḓera komeho)* 5. *white with small spots on the head and neck (ombapa yozonḓe)* 6. *white with red ears (ombapa yomakoti komatwi)* *An Omuherero child is prohibited from owning an entirely white or albino cow or bull. If a child's cow gives birth to an entirely white or albino calf, the child gives that calf to his or her father. An entirely white beast predicts misfortune.*
Otuzo mu i tumbwa *Prescribed patriclans*	Ongweyuva Orukamba Omuhinaruzo Otjihavirya Ombongora Omurekwa
Otuzo mu i zera *Proscribed patriclans*	Omumbaru Orumenḓa Otjikuma

Fig. 2.1 ombaparumbu (Ngungaa Hangara)

Fig. 2.2 ombapa yomazoroho (Hartmuth Held, Omitara, Namibia)

Fig. 2.3 ombapa yomakoti komatwi[14] (Archie Du Plessis, Du Plessis Ngunis)

Fig. 2.4 ombaparumbu (Ngungaa Hangara)

Fig. 2.5 ombapa yozonde* (Kavemunu Tjikuzu Veii, Oruvize, Epukiro)

---

14   Omakoti omavara nge ri komatwi

Onḓorozu/black

Omahandjauriro wOtjivara	Ongombe onḓorozu ndji hi nevara
Explanation of colour / pattern	*Black without a spot.*
Omahandjauriro warwe	Omaisaneno wozonḓorozu ye ri pekepeke: 1. onḓorozu ṱukuṱuku 2. onḓorozu onguze poo ondjere Ongombe onḓorozu kai kupu. Nungwari ondji ṱa pomahuhuriro[15]
Further Explanation	*The black colour variations are:* 1. *pitch-black (onḓorozu ṱukuṱuku)* 2. *greyish or charcoal* *A black beast is not given as dowry.* *A black beast is slaughtered for sacrifices to ancestors and at healing rituals.*
Otuzo mu i tumbwa ***Prescribed patriclans***	Ongwatjindu/Otjikuma Omusema Otjitjindwa Ongweyuva
Otuzo mu i zera ***Proscribed patriclans***	Kai zeri motuzo atuhe *Accepted in all patriclans*

---

[15] Omahuhuriro okuisako ozondjakaha poo ozombosa zakuruwo pokati kovandu (ovandu tji va haha).

Fig. 2.6 onḓorozu (Hans Sohrada, Ouhave Nguni Stud)

Fig. 2.7 onḓorozu (Ngungaa Hangara)

Fig. 2.8 onḓorozu (Thomas & Heidrun Peltzer, Mlisha Nguni Stud)

Osaona/osazu/red

Omahandjauriro wOtjivara	Osaona ongombe oserandu ondendu, ngunda osazu ai ri ondume.
Explanation of colour/ pattern	*Red* – osaona *(female)*; osazu *(male)*
Omahandjauriro warwe	Omaisaneno wozosaona nozosazu pekepeke: 1. ombwindja[16] (Otjiherero tja Kaoko) poo ongwaya (Otjihimba) 2. endjembere (Otjiherero tja Kaoko) poo omutaku ndja sana tjotjize (Otjihimba) 3. ohoni (Otjiherero tja Kaoko) poo ombinde (Otjihimba) Ongombe osaona/osazu ondji kupa.
Further Explanation	*The red colour variations are:* 1. *light red* (ombwindja *in Otjiherero or* ongwaya *in Otjihimba dialect*), 2. *deep or dark red* (endjembere *– resembling a berry of* Grewia flava *in Otjiherero or* omutaku *resembling ochre in Otjihimba dialect*) 3. *brownish-red* (ohoni *in Otjiherero or* ombinde *in Otjihimba dialect*) *A beast of this colour is used as dowry.*
Otuzo mu i tumbwa Prescribed patriclans	Ongwatjiya Omumbaru Orumenda Ondjiva Otjihavirya Ondanga Otimba Otjitjindwa Omurekwa Ongwanyimi Osembi Ongwandemba Ondondere Oherero
Otuzo mu i zera Proscribed patriclans	Kai zeri, i tumbwa motuzo atuhe *Accepted in all patriclans.*

---

[16] Ya sana kombwindja motjivara/Resembles a steenbok (*Raphicerus campestris*) in colour.

Fig. 2.9 osaona (Thomas & Heidrun Peltzer, Mlisha Nguni Stud)

Fig. 2.10 osaona omutaku/endjembere (Hans Sohrada, Ouhave Nguni Stud)

Fig. 2.11 osaona ombwindja/ongwaya[17] (Thomas & Heidrun Peltzer, Mlisha Nguni Stud)

Fig. 2.12 osazu ohoni/ombinḓe (Hans Sohrada, Ouhave Nguni Stud)

Fig. 2.13 osaona ohoni/ombinḓe (Hans Sohrada, Ouhave Nguni Stud)

---

[17] Osaona ongwaya poo ombwindja i ri pokati komutaku / endjembere nombenyenye

EKONDWA 3
Ovivara ovirunga

Omawanekero poo omarungiro wovivara imbi ovihonapare onge yeta ovivara imbi ovyarwe. Ovatjange vembo ndi va muna ovivara vyozongombe ovirunga mbi ţa pomirongo vitatu na hambondatu nao, nungwari ovivara mbi kambi ri omaandero.

Mohungiriro nomatamunino womana wovivara mbi, Ovaherero ve ungurisa tjiva womambo nga tjinene:

Ekondo – okuyarisa kutja ongombe ekondo nu embo ndo ra za kotjivara tjoukondo. Otjisanekero ongombe tji i ri ekondo orondu tji i nevara nda konda etambo rayo. Tji i ri osaona/osazu poo onḓorozu otji ku za oserakondo poo onḓorokondo.

Ekwara – okuyarisa kutja ongombe ekwara nu embo ndo ra za kotjivara ihi tjoukwara. Otjisanekero ongombe tji i ri ekwara orondu tji i ri osaona/osazu poo ondumbu ndji na ouvara ouţiţi mozombati okuza kotjiuru nga kotjikondambunda.

Kange – okuyarisa kutja ongombe ongange nu nda za kotjivara tjoukange. Otjisanekero ongombe tje ri ongange orondu tji i ri ombambi nu mouvambi wayo tji mu na ouvara ouvapa. Ongombe rumwe tji i ri ongongoro nu ndji na otjivara tjoungange mu yo otji ku za ongongorokange; okutja mape hee kutja ongombe ndjo i novivara vine mumwe: otjivambi (otjiserandu notjizorozu), otjikongoro notjivapa.

Kara – okuyarisa kutja ongombe ongara poo yotuvao nu oro ra za kotjivara tjoukara. Otjisanekero ongombe ongara poo yotuvao orondu tji i ri osaona poo ondumbu yotuvao morutu poo tji i noutuvara oture oturumbu (otuvao). Tji i ri osaona/osazu poo ondumbu otji ku za oserakara poo ondumbukara poo ombapakara. Otjivara otjikara mombazu yOvaherero tji varwa otjotjivara otjirumbu.

Kombe – okuyarisa kutja ongombe ongombe motjivara nu embo ndo ra za kotjivara tjoukombe. Otjisanekero ongombe tji i ri ongombe orondu tji ya koha otjikondambunda. Tji i ri osaona/osazu onḓorozu otji ku za oserakombe poo onḓorokombe. Otjivara otjikombe mombazu yOvaherero tji varwa otjotjivara otjikondo.

Kwari – okuyarisa kutja ongombe ongwari nu embo ndo ra za kotjivara ihi tjoukwari. Otjisanekero ongombe tji i ri ongwari orondu tji i ri osaona poo ombambi ndji nouvara oungi morutu rwayo aruhe. Tji i ri onḓorozu poo oserandu motjivara otji ku za onḓorokwari poo oserakwari.

Kwendje – okuyarisa kutja ongombe ongwendje nu embo ndo ra za kotjivara tjoukwendje. Otjisanekero ongombe ongwendje nu ondorozu poo osaona/osazu motjivara otji ku za ondorokwendje poo oserakwendje.

Ohere – ku weziwa omuze mbwi -rumbu poo embo ndi ondjima- okuyarisa kutja ongombe ohererumbu poo ondjimarumbu nu mouatjiri mbi ri ovivara vivari mbya rungwa mumwe: ootjouhoni poo tjouzorondu tji tja rungwa mu notjivara otjivapa.

Ombonde/ongonga – okuyarisa kutja ongombe ombonde (mOtjiherero tja Kaoko) poo ongonga (mOtjihimba) nu embo ndo ra za kotjivara tjoumbonde poo tjoukonga. Otjisanekero ongombe ombonde poo ongonga orondu tji i ri ongombe yozombando poo omavara omanene omazoozu nomavapa morutu.

Orukoze – okuyarisa kutja ongombe orukoze nu embo ndo ra za kotjivara tjourukoze. Otjisanekero ongombe orukoze orondu tji i ri ombapa yomavara omavambi kosengo.

Orupera – okuyarisa kutja ongombe orupera nu embo ndo ra za kotjivara tjourupera. Otjisanekero ongombe orupera orondu tji i ri oserandu yevara evapa mombuto poo motjitoke poo mevango.

Pawe – okuyarisa kutja ongombe ombawe nu embo ndo ra za kotjivara tjoupawe. Otjisanekero ongombe ombawe orondu tji i ri ombapa yomavara omaserandu omanene morutu.

Rumbu – okuyarisa kutja ongombe ondumbu nu ra za komuze mbwi -rumbu. Porumwe ombosiro indji r [r] i runduruka okurira d [d], tji mai kongorere kombosiro ndji n [n]. Otjivara otjirumbu tji za momarungiro wovivara ootjivapa notjiserandu.

Semba – okuyarisa kutja ongombe osemba nu embo ndo ra za kotjivara tjousemba. Otjisanekero ongombe osemba orondu tji i ri ondorozu youvara ouvapa oungi morutu.

Tanga – okuyarisa kutja ongombe ondanga nu embo ndo ra za kotjivara tjoutanga. Otjisanekero ongombe tji i ri ondanga orondu tji i nevara evapa neputuputu motjipara. Tji i ri ondorozu poo oserandu motjivara otji ku za ondorotanga poo oseratanga.

Taura – okuyarisa kutja ongombe ondaura nu embo ndo ra za kotjivara tjoutaura. Otjisanekero ongombe ondaura orondu tji i nouvara poo evara komutjira kombanda poo rumwe nga ketambo nao. Tji i ri ondorozu poo osaona/osazu motjivara otji ku za ondorotaura[18] poo oserataura.

---

[18] Rumwe i isanewa kutja ondesetaura okusanisiwa kondese mena rokutja ondese wina ondorotaura.

Vahiwona/vahozu – okuyarisa kutja ongombe ombahiwona poo ombahozu nu embo ndo ra za kotjivara ihi tjouvahiwona poo tjouvahozu. Otjisanekero ongombe ombahiwona poo ombahozu orondu tji i ri osaona poo osazu yomavara omavapa omanene nomengi morutu aruhe. Tji i ri ekunde nu wina ombahiwona poo ombahozu otji ku za ekundevahiwona poo ekundevahozu.

Vambi – okuyarisa kutja ongombe ombambi nu ra za komuze mbwi -vambi nu porumwe ombosiro indji v [v] i runduruka okurira b [b], tji mai kongorere kombosiro ndji m [m]. Ihi otjivara otjiserandu poo otjirumbu notjizorondu mbya rungwa mumwe.

Yandja/kanga – okuyarisa kutja ongombe ondjandja nu embo ndo ra za kotjivara tjouyandja poo tjoukanga. Otjisanekero ongombe ondjandja orondu tji i ri osaona youvara outiti ouvapa oungi morutu rwayo aruhe nu tji i ri ondume i isanewa kutja onganga. Tji ya zara ouvinde poo ouhoni otji ku za ombindeyandja poo ombindekanga.

Yeo – okuyarisa kutja ongombe ondjeo nu embo ndo ra za kotjivara tjouyeo. Otjisanekero ongombe ondjeo orondu tji i nomavara omavapa kozondjeo. Tji i ri ondorozu poo osaona/osazu motjivara otji ku za ondoroyeo poo oserayeo.

Zemba – okuyarisa kutja ongombe ondemba nu embo ndo ra za kotjivara tjouzemba. Otjisanekero ongombe tji i ri ondemba orondu tji i ri ondorozu youvara ouvapa mbu he ri oungi morutu aruhe. Ongombe tji i ri osemba nu ndja zara ouzemba otji ku za osembazemba.

CHAPTER 3
Colour combinations

Besides the solid colours, colour coat combinations and patterns occur among Sanga cattle. The authors identified thirty-eight colour combinations and patterns, and these may not be exhaustive.

Ovaherero use the terms listed below to describe the various colour coat combinations and patterns. More details may be found in the sections which follow, presenting illustrations of the patterns in combinations of various colours with the specific terms.

Ekondo – denotes a striped beast of the *ekondo* pattern derived from the colour *otjikondo*. For more details see illustrations and descriptions under the section on *ekondo*.

Ekwara – denotes a beast either red or yellow in colour with white *ekwara* pattern derived from colour *oukwara*. For more details see illustrations and descriptions under the section on *ekwara*.

Kange – denotes an *ongange* pattern derived from the colour *oukange*. For more details see illustrations and descriptions under the section on *ongange*.

Kara – denotes a brindled beast from the *ongara* pattern derived from the colour of *oungara*: any colour with streaks. For more details see illustrations and description under the section on *ongara*.

Kombe – denotes an *ongombe* pattern derived from the colour of *oukombe*. For more details see illustrations and description under *ongombe*.

Kwari – denotes an *ongwari* pattern derived from the word *oukwari*. For more details see illustrations and description under *ongwari*.

Kwendje – denotes an *ongwendje* pattern derived from the word *oukwendje*. For more details see illustrations and description under *ongwendje*.

Ohere – denotes a 'dun' beast where a root -*rumbu* or the word *ondjima*- may be added to signify colours similar to the colour of either a rock rabbit (*ohererumbu*) or baboon (*ondjimarumbu*) respectively, but in the real sense of the word it is a mixture of two colours, i.e. a brownish red or black that is mixed with white.

orukoze – denoting an orukoze pattern derived from the word *ourukoze*. For more details see illustrations and description under orukoze.

Orupera – denoting an *orupera* pattern derived from the word *ourupera*. For more details see illustrations and description under *orupera*.

Rumbu – denotes a 'yellow' beast derived from the root –*rumbu*. Sometimes the sound r [r] changes to d [d], when it is preceded by a nasal sound [n]. The yellow colour is a mixture of white with red.

Semba – denoting an *osemba* pattern derived from the word *ousemba*. For more details see illustrations and description under *osemba*.

Tanga – denotes a beast with a white spot on the forehead from ondanga pattern and derived from the word *outanga*. For more details see illustrations and description under *ondanga*.

Taura – denotes an *ondaura* pattern for a beast of any colour with a white stripe along the back and with white underbelly. It is derived from word *outaura*. For more details see illustrations and description under *ondaura*.

Vahiwona/vahozu – denotes an *ombahiwona* or *ombahozu* pattern derived from the colour of *ouvahiwona* or *otjivahozu*. For more details see illustrations and description under *ombahiwona/ombahozu*.

Vambi – denotes a 'brown' beast derived from the root -*vambi,* which means brown. Sometimes the sound v [v] changes to b [b], when it preceded by a nasal sound [m]. This is a mixture of red or yellow mixed with black.

Yandja/kanga – denotes an *ondjandja* or *onganga* pattern. The term is derived from the word *ouyandja* or *ounganga*. For more details see illustrations and description under *ondjandja/onganga*.

Yeo – denotes a beast with white markings on the face which stretch to the jaws. The term is derived from the word *ouyeo*. For more details see illustrations and description under *ondjeo*.

Zemba – denotes an *onḍemba* pattern. The term is derived from the word *ouzemba*. For more details see illustrations and description under *onḍemba*.

Ekondo

Omahandjauriro wOtjivara *Explanation of colour/ pattern*	Ekondo ongombe yotjivara ngamwa nu tji i nevara nda konda etambo. *Of any colour with a stripe cutting across the back, either on the shoulder (front quarter), or hind quarter, or in the middle, or cutting across at both front quarter and hind quarter.*
Omahandjauriro warwe	Omaisaneno womakondo pekepeke: 1. oserakondo 2. onḏorokondo 3. ekondorumbu 4. otjikombekondo 5. orukozekondo 6. ombawekondo 7. ongonga Ongonga mozondya zOtjiherero i heya ongombe onḏorozu ndja konda tuvari. Ongombe ekondo kai randisiwa i omuatje, kai randisiwa komutjiwasane, kai riwa erya nu kai sutu ondjo komutjiwasane pe zera.
Further Explanation	*The colour variations of ekondo pattern are:* *1. Red with a white stripe (oserakondo – osera denoting red)* *2. Black with a white stripe (onḏorokondo – onḏoro denoting black)* *3. Dun with a white stripe (ekondorumbu – rumbu denoting yellow)* *4. Striped of any colour with a white hind quarter (otjikombekondo – otjikombe denoting a white hind quarter)* *5. White or brown with an alternate stripe of white or brown in colour (orukozekondo – kondo denoting striped)* *6. ombawekondo (denoting red and white striped)* *7. ongonga (Otjiherero dialect) black with two stripes cutting across at both front quarters and hind quarters* *An Omuherero child is prohibited from selling a beast of this colour pattern. It is not permitted for paying fines or punishments to acquaintances (relatives included). It is not given to acquaintances, nor is it sold to acquaintances.*
Oruzo mu i tumbwa *Prescribed patriclan*	Ongweyuva
Otuzo ku i zera *Proscribed patriclan*	Ongwatjiya Ombongora

Fig. 3.1 on̯dorokondo (Hans Sohrada, Ouhave Nguni Stud)

Fig. 3.2 on̯dorokondo (Kavernunu Tjikuzu Veii, Oruvize, Epukiro)

Fig. 3.3 oserakondo (Hans Sohrada, Ouhave Nguni Stud)

Fig. 3.4 ekondorumbu (Ngungaa Hangara)

Fig. 3.5 ekondo (Ngungaa Hangara)

Fig. 3.6 oserakondo (Ngungaa Hangara)

Fig. 3.7 oserakondo (Hartmuth Held, Omitara, Namibia)

Ekunde

Omahandjauriro wOtjivara	Ekunde ongombe ombapa ndji na ouvara outiti ouserandu morutu.
Explanation of colour/ pattern	*White, speckled with small red spots on the body.*
Omahandjauriro warwe	Ongombe yotjivara tji tja sana kotjivara tjekunde. Tje ri ondorozu motjivara i isanewa kutja ondemba poo osemba Tje ri ombambi motjivara i isanewa kutja ongange. Tje ri oserandu motjivara i isanewa kutja onganga (ondume) poo ondjandja (ondema).
Further Explanation	*This beast is said to resemble a sugar bean in colour. Black, speckled with small white spots on the body – ondemba or osemba Brown, speckled with small white patches on the body – ongange. Red, speckled with small white spots on the body – onganga (male) or ondjandja (female).*
Otuzo mu i tumbwa *Prescribed patriclan*	Omumbaru Oherero
Otuzo mu i zera *Proscribed patriclan*	Kai zeri motuzo atuhe. Accepted in all patriclans.

Fig. 3.8 ekunde (Hans Sohrada, Ouhave Nguni Stud)

Fig. 3.9 ekundevahiwona (John Rabie, Namibgrens Nguni Stud)

Fig. 3.10 ekundevahiwona (Ngungaa Hangara)

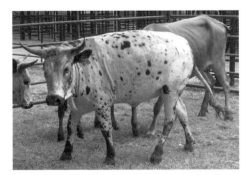

Fig. 3.11 ekundetaura (Nguni Cattle Breeders' Society of South Africa)

Ekwara

Omahandjauriro wOtjivara *Explanation of colour/ pattern*	Ongombe oserandu poo ondumbu youvara ouvapa mozombati nga kotjiuru. *Either red or yellow with white patterns scattered from the flanks to the head.*
Omahandjauriro warwe	Omaisaneno womakwara pekepeke: 1. oserakwara 2. ekwararumbu
Further Explanation	*The colour variations of ekwara pattern are:* *1. Red with white patterns scattered up the flanks (oserakwara – osera denoting red)* *2. Dun with white patterns scattered up the flanks (ekwararumbu – rumbu denoting dun)*
Oruzo mu i tumbwa *Prescribed patriclan*	Otjikuma
Otuzo mu i zera *Proscribed patriclan*	Kai zeri motuzo atuhe nungwari ekwararumbu i zera kotuzo atuhe tu tu ha tumbu ozondumbu mena rourumbu wayo. *Accepted in most patriclans, except, in the case of ekwararumbu, in patriclans that proscribe dun or yellow beasts.*

Fig. 3.12 oserakwara (Ngungaa Hangara)

Fig. 3.13 ombindekwara/ohonikwara (Ngungaa Hangara)

Fig. 3.14 oserakwara (Bruno & Irmela Jordi, Teuguni)

Fig. 3.15 ekwaravahozu (Gisela Giess, Felix Nguni Stud)

Fig. 3.16 ekwaravahiwona (Hartmuth Held, Omitara, Namibia)

Eo

Omahandjauriro wOtjivara	Eo ongombe ombambi ndji nevara evapa mombuto poo motjitoke poo mevango.
Explanation of colour/ pattern	*Brown with a white patch on the hind/rear flank.*
Omahandjauriro warwe	Evara tji riri enene okukapita oreo i isanewa kutja eo ombaka.
	Tje ri onḓorozu i isanewa kutja ombotozu (ondume) poo ombotoona (ondema).
	Tje ri oserandu motjivara i isanewa kutja orupera.
	Tje ri oserandu motjivara ndji i na okavara okaṱiṱi okavapa i isanewa kutja ombutise.
Further Explanation	*If the white patch on the hind/rear flank is elongated beyond that of eo, it is called eo ombaka.*
	Black with a white patch on the hind/rear flank – ombotozu *(male) and* ombotoona *(female)*
	Red with a white patch on the hind/rear flank – orupera
	Red marked with a tiny white patch in front of the hip – ombutise
Otuzo mu i tumbwa **Prescribed patriclan**	Ongweyuva Ohorongo
Oruzo ku i zera **Proscribed patriclan**	Kai zeri motuzo atuhe. *Accepted in all patriclans.*

Fig. 3.17 eo* (Ngungaa Hangara)

Fig. 3.18 eo (Thomas & Heidrun
Peltzer, Mlisha Nguni Stud)

Fig. 3.19 eo (Thomas & Heidrun
Peltzer, Mlisha Nguni Stud)

Fig. 3.20 eo (Usiel Seuakouje
Kandjii, Otjijamangombe,
Okondjaţu District)

Fig. 3.21 eokange (Hans Sohrada,
Ouhave Nguni Stud)

Fig. 3.22 eo ombaka (Usiel
Seuakouje Kandjii, Otjijamangombe,
Okondjaţu District)

Fig. 3.23 eo ombaka (Nguni Cattle
Breeders' Society of South Africa)

73

Ohaka

Omahandjauriro wOtjivara	Ohaka ongombe yotjivara ngamwa ndji na omavara omavapa komarama, komaoko nga kehi pehuri.
Explanation of colour/ pattern	*Of any colour with white legs and underbelly.*
Omahandjauriro warwe	Tje ri oserandu motjivara i isanewa kutja oserahaka. Tje ri oṇḍorozu motjivara i isanewa kutja oṇḍorohaka. Tje ri ondumbu motjivara i isanewa kutja ohakarumbu. Tji i na otuvao i isanewa kutja ohaka yotuvao mozondya zOtjiherero poo ohakakara mozondya zOtjihimba. Tje ri ombambi motjivara i isanewa kutja ombambihaka.
Further Explanation	*Red with white legs and underbelly* – oserahaka *Black with white legs and underbelly* – oṇḍorohaka *Yellow with white legs and underbelly* – ohakarumbu *Brindled with white legs and underbelly* – ohaka yotuvao (Otjiherero); ohakakara (Otjihimba dialect). *Brown with white legs and underbelly* – ombambihaka
Oruzo mu i tumbwa *Prescribed patriclan*	Ongweyuva
Oruzo ku i zera Proscribed patriclan	Kai zeri motuzo atuhe. *Accepted in all patriclans.*

74

Fig. 3.24 oserahaka (Ngungaa Hangara)

Fig. 3.25 onḓorohaka (Ngungaa Hangara)

Fig. 3.26 ohakakara/ohaka yotuvao* (Ngungaa Hangara)

Fig. 3.27 ombambihaka* (Ngungaa Hangara)

Fig. 3.28 ohakarumbu (André Lötter, Karas Livestock Company)

75

Ohererumbu/ondjimarumbu

Omahandjauriro wOtjivara	Ongombe ondumbu yotjivara tji matji i koungirine
Explanation of colour / pattern	Dun
Omahandjauriro warwe	Ongombe yotjivara tji tja sana kotjohere poo kotjondjima. Ondjimarumbu poo ondororumbu mozondya zOtjihimba ngunda ohererumbu e ri mozondya zOtjiherero.
Further Explanation	The colour is said to resemble that of the rock rabbit (*Procavia capensis*) and the baboon (belonging to genus *Papio*). *Ondjimarumbu* or *ondororumbu* in the Otjihimba dialect, while *ohererumbu* in Otjiherero.
Otuzo mu i tumbwa **Prescribed patriclans**	Omurekwa Omakoti
Otuzo ku i zera **Proscribed patriclans**	Ondanga Otimba Orumenda Otjikuma/Ongwatjindu/Ongwanyimi

Fig. 3.29 ohererumbu/ondjimarumbu (Thomas & Heidrun Peltzer, Mlisha Nguni Stud)

Fig. 3.30 ohererumbu/ondjimarumbu (Nguni Cattle Breeders' Society of South Africa)

Fig. 3.31 ohererumbu/ondjimarumbu (Usiel Seuakouje Kandjii, Otjijamangombe, Okondjaṱu District)

Fig. 3.32 ohererumbu/ondjimarumbu (Elmien Willemse, Leeuwdoornpan Nguni Stud)

Fig. 3.33 ohererumbu/ondjimarumbu (Gisela Giess, Felix Nguni Stud)

Ombahe

Omahandjauriro wOtjivara	Ongombe ombapa tjomutwe poo ombundu ndji notjinyo, nomutjira novikoti ovizorondu.
Explanation of colour/ pattern	*Whitish-grey or light tan with black muzzle, hooves and tip of tail.*
Omahandjauriro warwe	Otjivara tjongombe ombahe katji ri kokure notjivara otjirovazu, otjikuvi notjivaherumbu.
Further Explanation	*This colour closely resembles the colour of* otjirovazu, otjikuvi *and* otjivaherumbu *respectively.*
Oruzo mu i tumbwa *Prescribed patriclan*	Ongwatjindu/Otjikuma/Ongwanyimi
Otuzo ku i zera *Proscribed patriclan*	I tumbwa motuzo/kai zeri motuzo atuhe posi ya ombaherumbu i zera kotuzo atuhe tu tu ha tumbu ozondumbu mena rourumbu wayo. *Accepted in most patriclans, except in patriclans that specifically proscribe dun or yellow beasts or* ombaherumbu (rumbu *denoting dun or yellow*).

Fig. 3.34 ombahekondo* (Ngungaa Hangara)

Fig. 3.35 ombaherumbu (Ngungaa Hangara)

Fig. 3.36 ombahekara/ombahe yotuvao* (Ngungaa Hangara)

Fig. 3.37 ombaherumbu* (Ngungaa Hangara)

Fig. 3.38 ombahevambi*(Jekura U. Kavari, Otuvero, Kunene Region)

Ombahiwona/ombahozu

Omahandjauriro wOtjivara	Ombahiwona poo ombahozu ongombe oserandu ndja zara omavara omanene omavapa morutu aruhe.
Explanation of colour/ pattern	*Red with many white patches or spots on its body.*
Omahandjauriro warwe	Ombahiwona ondema nu ombahozu ondume. Ongombe ombapa ndja zara omavara omaserandu mai rire ombawe. Tje ri onḓorozu motjivara ma rire ongoroona (ondema) poo ongorozu (ondume).
Further Explanation	ombahiwona – *(female);* ombahozu – *(male).* *White with large red patches* – ombawe *Black with white patches* – ongoroona *(female)* or ongorozu *(male)*
Oruzo mu i tumbwa *Prescribed patriclan*	Ongwatjindu/Otjikuma/Ongwanyimi Omurekwa Ongweyuva Omuhinaruzo
Oruzo ku i zera *Proscribed patriclan*	Kai zeri motuzo atuhe *Accepted in all patriclans.*

Fig. 3.39 ombahiwona (Ngungaa Hangara)

Fig. 3.40 ombahiwona (Hans Sohrada, Ouhave Nguni Stud)

Fig. 3.41 ombahiwona (John Rabie, Namibgrens Nguni Stud)

Fig. 3.42 ombahozu (Ngungaa Hangara)

Fig. 3.43 ombahiwonaramberova (Ngungaa Hangara)

Ombambi

Omahandjauriro wOtjivara *Explanation of colour/ pattern*	Ombambi ovivara vivari mumwe, otjiserandu notjizorondu. *Brown or black and red. This colour pattern incorporates red and black.*
Omahandjauriro warwe	Ongombe ombambi popengi i kara nohonga yomutjira onḓorozu, eyuru ezorozu, omatwi omazorozu nomeho omazorozu, okutja nao oseravambi mena rokutja otjivara otjiserandu otji matji honaparere po tjinene. Komurungu, ongombe ombambi i kara notjivara otjiṯumbe poo otjizorozu kosengo, omaambi notjikondambunda. Otjivara otjizorozu tje ri tji matji honaparere po okutja otjivara tjayo onḓorovambi.
Further Explanation	*A brown beast mostly characterised by black points around its nose, muzzle, ears, eyelids, teats, hooves and tail tip, in which case red is the dominant colour and it is* oseravambi. *If the coat is darker on the neck, shoulders and hind quarters, the dark colour or black is dominant and it is called* onḓorovambi.
Otuzo mu i tumbwa *Prescribed patriclans*	Ohorongo Otjiporo
Otuzo mu i zera *Proscribed patriclans*	I tumbwa uriri motuzo twarwe/kai zeri motuzo atuhe *Accepted in all patriclans.*

Fig. 3.44 ombambi (Nguni Cattle Breeders' Society of South Africa)

Fig. 3.45 oseravambi (Bruno & Irmela Jordi, Teuguni)

Fig. 3.46 ondorovambi (Thomas & Heidrun Peltzer, Mlisha Nguni Stud)

Fig. 3.47 ondorovambi yoruyera (yotjikuvira kotjinyo) (Nguni Cattle Breeders' Society of South Africa)

Fig. 3.48 ondorovambi (Archie Du Plessis, Du Plessis Ngunis)

Ombawe

Omahandjauriro wOtjivara *Explanation of colour/ pattern*	Ombawe ongombe ombapa yomavara omaserandu omanene. *White with relatively large red patches on the body.*
Omahandjauriro warwe	Tje ri ombapa yomavara omavambi omanene ma rire orukoze poo ongongoro. Tje ri ombapa yomavara omazorondu omanene ma rire ombonde. Ombawerumbu ongombe ombapa yomavara omarumbu omanene.
Further Explanation	*White with relatively large brown patches* – orukoze *or* ongongoro *White with relatively large black patches* – ombonde *White with relatively large yellow patches* – ombawerumbu
Otuzo mu i tumbwa *Prescribed patriclans*	Ongweyuva Omangarangwa Omurekwa Omuhinaruzo Okanene
Otuzo ku i zera *Proscribed patriclan*	Kai zeri motuzo atuhe pendje nombawerumbu ndji hi nokutumbwa motuzo tu tu ha ṯunu kozondumbu. *Accepted in most patriclans, except in patriclans that proscribe dun or yellow beasts or* ombawerumbu (rumbu *denoting dun or yellow).*

Fig. 3.49 ombawe (Usiel Seuakouje Kandjii, Otjijamangombe, Okondjaţu District)

Fig. 3.50 ombawekondo (Ngungaa Hangara)

Fig. 3.51 ombawe (Bruno & Irmela Jordi, Teuguni)

Ombiriwona/ombirizu

Omahandjauriro wOtjivara	Ombiriwona poo ombirizu ongombe oserandu (osaona/osazu) youvara okuza pomaambi okuyaruka kongotwe.
Explanation of colour/ pattern	*Red with tiny white spots sparsely scattered on its body stretching from the shoulders towards the hind quarter.*
Omahandjauriro warwe	Ombiriwona ondema, ngunda ombirizu ai ri ondume. Tje ri ondorozu mai rire ondemba. Tje ri ombambi mai rire ongange.
	Tje ri ondumbu mai rire ombiriwonarumbu/ ombirizurumbu/ongangarumbu.
Further Explanation	ombiriwona – *(female);* ombirizu – *(male)* *Black with this colour pattern* – ondemba *Brown with this colour pattern* – ongange *Yellow, tawny-yellow or dun with this colour pattern –* ombiriwonarumbu, ombirizurumbu *or* ongangarumbu
Otuzo mu i tumbwa *Prescribed patriclan*	Omumbaru Ongwatjindu/Otjikuma/Ongwanyimi Orumenda Ongwatjiya
Otuzo ku i zera *Proscribed patriclan*	I tumbwa motuzo atuhe pendje nombiriwonarumbu, nombirizurumbu, nongangarumbu ndji hi nokutumbwa motuzo tu tu ha tunu kozondumbu *Accepted in most patriclans, except in patriclans that proscribe dun or yellow beasts, or ombiriwonarumbu, ombirizurumbu or ongangarumbu (rumbu denoting dun or yellow).*

Fig. 3.52 ombirizu (Ngungaa Hangara)

Fig. 3.53 ombirizu (Hans Sohrada,
Ouhave Nguni Stud)

Fig. 3.54 ombiriwona (Hans Sohrada,
Ouhave Nguni Stud)

Fig. 3.55 ombiriwonarumbu (Elmien
Willemse, Leeuwdoornpan Nguni Stud)

Fig. 3.56 ombiriwona (Hans Sohrada,
Ouhave Nguni Stud)

Ombonde/ongonga

Omahandjauriro wOtjivara	Ombonde ongombe ombapa yomavara omazorondu omanene (ozombandu) poo onḓorozu yomavara omavapa omanene omengi.
Explanation of colour/ pattern	*White with relatively large black patches or black with relatively large white patches.*
Omahandjauriro warwe	Ongonga omozondya zOtjihimba ngunda mozondya zOtjiherero e ri ombonde nongonga wina. Tje ri ombapa yomavara omaserandu omanene mai rire ombawe. Tje ri oserandu yomavara omavapa omanene mai rire ombahiwona poo ombahozu. Tje ri ombambi yomavara omavapa omanene mai rire orukoze poo ongongoro.
Further Explanation	Ongonga *(Otjihimba dialect);* ombonde *and* ongonga *(both Otjiherero)* *White with relatively large red patches –* ombawe *Red with relatively large white patches –* ombahiwona poo ombahozu *Brown with relatively large white spots –* orukoze *or* ongongoro
Otuzo mu i tumbwa *Prescribed patriclans*	Ongweyuva Omangarangwa Ongwatjindu/Otjikuma/Ongwanyimi Otjindembwe
Otuzo ku i zera *Proscribed patriclans*	Kai zeri motuzo atuhe *Accepted in all patriclans.*

Fig. 3.57 ongonga[19] (Ngungaa Hangara)

Fig. 3.58 ongonga (Usiel Seuakouje Kandjii, Otjijamangombe, Okondjaṱu District)

Fig. 3.59 ongonga (Hans Sohrada, Ouhave Nguni Stud)

Fig. 3.60 ombonde/ongonga (Ngungaa Hangara)

Fig. 3.61 ombonde/ongonga (Hans Sohrada, Ouhave Nguni Stud)

---

[19] Tje ri oserandu yomavara omavapa mai rire ombawekondo

Ombongora

Omahandjauriro wOtjivara *Explanation of colour/ pattern*	Ombongora ongombe oserandu (osaona/osazu) youvara outiti kosengo. *Red with white speckles (spots) on the neck.*
Omahandjauriro warwe	Ombongora oneera ouvara ya neera kuta kotjiuru uriri. Ombongora ondiyahira i nouvara mbwa rangavara okuyenda kotjari rumwe nga mozombati. Ombongora onyanyaera ya zara ouvara oungi.
Further Explanation	Tje ri ondorozu nu ondiyahira okutja ondemba. Tje ri ombambi ondiyahira okutja ongange. *Red with white spots on the neck but close to the head – ombongora oneera* *Red with white spots on the neck that extend to the chest – ombongora ondiyahira* *Black with white spots on the neck that extend to the chest – ondemba* *Brown with white spots on the neck that extend to the chest – ongange*
Otuzo mu i tumbwa *Prescribed patriclans*	Ombongora Omurekwa Omumbaru
Otuzo mu i zera Proscribed patriclan	Kai zeri motuzo atuhe. *Accepted in all patriclans.*

Fig. 3.62 ombongora ondiyahira (Ngungaa Hangara)

Fig. 3.63 ombongora onyanyaera (Hans Sohrada, Ouhave Nguni Stud)

Fig. 3.64 ombongora onyanyaera (Hans Sohrada, Ouhave Nguni Stud)

Omboro

Omahandjauriro wOtjivara *Explanation of colour/ pattern*	Ongombe yevara evapa ere motjipara. *With an elongated white patch from the forehead to the muzzle.*
Omahandjauriro warwe *Further explanation*	Omboro i ungura kovivara avihe. Omboro *applies to a beast of any colour with an elongated white patch from the forehead to the muzzle.*
Otuzo mu i tumbwa *Prescribed patriclans*	Ondanga Otimba Orumenḓa
Otuzo mu i zera *Proscribed patriclans*	Kai zeri pendje tje ri ondumbu kozonganda nḓe ha tumbu ozondumbu *Accepted in most patriclans, except in patriclans that proscribe dun or yellow beasts.*

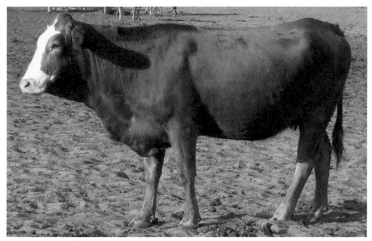

Fig. 3.65 omboro oserandu* (Ngungaa Hangara)

Fig. 3.66 omboro oserandu* (Jekura U. Kavari, Otuvero, Kunene Region)

Fig. 3.67 omboro ombambi* (Ngungaa Hangara)

Fig. 3.68 omboro onḓorozu* (Ngungaa Hangara)

Fig. 3.69 omboro ongara/yotuvao* (Jekura U. Kavari, Otuvero, Kunene Region)

Ombotoona/ombotozu

Omahandjauriro wOtjivara	Ombotoona poo ombotozu ongombe onḓorozu yevara evapa mombuto poo motjitoke poo mevango.
Explanation of colour/ pattern	*Black with a white patch on the hind/rear flank.*
Omahandjauriro warwe	Tje ri ondume i isanewa kutja ombotozu ngunda ondema ai isanewa ombotoona. Evara tji ri ri enene okukapita ombotozu poo ombotoona i isanewa kutja ombotozu evamba poo ombotoona evamba. Tje ri oserandu motjivara yevara enene poo ere mombuto poo motjitoke i isanewa kutja orupera nu okavara tji ke ri okaṱiṱi i isanewa kutja ombutise. Tje ri ondumbu motjivara i isanewa kutja oruperarumbu. Tje ri ombambi motjivara i isanewa kutja eo.
Further explanation	*A black male with a white patch between the inner hind leg and the belly –* ombotozu; *–* ombotoona *(female).* *If the white patch between the inner hind leg and the belly is elongated beyond that of* ombotozu *or* ombotoona, *it is called* ombotozu evamba *or* ombotoona evamba. *Red with a white patch between the inner hind leg and the belly –* orupera *Red with a smaller white spot in front of the hip –* ombutise *Yellow or tawny-yellow or dun with a white patch between the inner hind leg and the belly –* oruperarumbu
Otuzo mu i tumbwa *Prescribed patriclans*	Otimba Ondanga Otjikuma Okanene Omusema Ongwatjindu/Otjikuma/Ongwanyimi Ongwangoro Ongweyuva
Otuzo ku i zera *Proscribed patriclans*	Kai zeri motuzo atuhe. *Accepted in all patriclans.*

Fig. 3.70 ombotozu (Elmien Willemse, Leeuwdoornpan Nguni Stud)

Fig. 3.71 ombotoona (Bruno & Irmela Jordi, Teuguni)

Fig. 3.72 ombotoona (Gisela Giess, Felix Nguni Stud)

Fig. 3.73 ombotozu evamba (Usiel Seuakouje Kandjii, Otjijamangombe, Okondjaṱu District)

Fig. 3.74 ombotozu evamba (Usiel Seuakouje Kandjii, Otjijamangombe, Okondjaṱu District)

Ombutise

Omahandjauriro wOtjivara	Ombutise ongombe oserandu (osaona/osazu) ndji nevara mombuto poo motjitoke.
Explanation of colour / pattern	*Red with a tiny white spot on the hind flank.*
Omahandjauriro warwe	Tje ri onḑorozu onḑenḑu yevara enene i isanewa kutja ombotoona. Tje ri onḑorozu ondume yevara enene i isanewa kutja ombotozu. Tje ri oserandu motjivara yevara enene mombuto poo motjitoke i isanewa kutja orupera. Tje ri ondumbu motjivara yevara enene i isanewa kutja oruperarumbu. Tje ri ombambi motjivara yevara enene i isanewa kutja eo.
Further explanation	*Black with a white patch between the inner hind leg and the belly –ombotozu (male) or ombotoona (female)* *Red with a white patch between the inner hind leg and the belly – orupera* *Yellow, tawny-yellow or dun with a white patch between the inner hind leg and the belly – oruperarumbu* *Brown with a white patch between the inner hind leg and the belly – eo*
Oruzo mu i tumbwa **Prescribed patriclan**	Omurekwa
Otuzo mu i zera *Prescribed patriclan*	Kai zeri motuzo atuhe. *Accepted in all patriclans.*

Fig. 3.75 ombutise (John Rabie, Namibgrens Nguni Stud)

Fig. 3.76 ombutise* (Ngungaa Hangara)

Fig. 3.77 ombutiserumbu (Usiel Seuakouje Kandjii, Otjijamangombe, Okondjaṯu District)

Ondamberova

Omahandjauriro wOtjivara	Ongombe yotjivara ngamwa ndja zara ouvara outiti mezumo.
Explanation of colour/ pattern	*Of any colour with tiny white spots on the belly or with a white-speckled belly.*
Omahandjauriro warwe	Tje ri ombambi ongangeramberova. Tje ri oserandu oseraramberova. Tje ri ondorozu ondororamberova. Tji ya rondisa kombanda tjinene mai rire ongwari.
Further explanation	*Brown with tiny spots on the belly or with a white-speckled belly – ongangeramberova* *Reddish with tiny spots on the belly or with a white-speckled belly – oseraramberova* *Black with tiny spots on the belly or with a white-speckled belly – ondororamberova* *If the tiny white spots or white speckles stretch upward from the belly to the area of the ribs – ongwari*
Otuzo mu i tumbwa *Prescribed patriclans*	Otimba Ondanga Orumenda Omumbaru Ombongora
Otuzo mu i zera Proscribed patriclans	Kai zeri motuzo atuhe. *Accepted in all patriclans.*

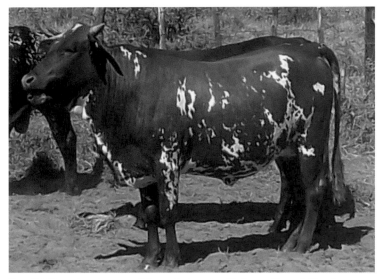

Fig. 3.78 ondamberova (Hans Sohrada, Ouhave Nguni Stud)

Fig. 3.79 ondamberova (Ngungaa Hangara)

Fig. 3.80 ondamberova (Ngungaa Hangara)

Fig. 3.81 ondamberova (Ngungaa Hangara)

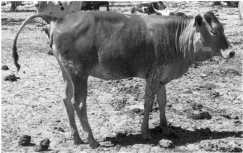

Fig. 3.82 ondamberovarumbu (Thomas & Heidrun Peltzer, Mlisha Nguni Stud)

Ondanga

Omahandjauriro wOtjivara	Ondanga ongombe yotjivara ngamwa nu ndji nevara evapa eputuputu motjipara.
Explanation of colour/ pattern	*Of any colour with a round white spot on the forehead.*
Omahandjauriro warwe	Tje ri onḏorozu mai rire onḏorozu yevara motjipara (onḏorotanga) Tje ri oserandu mai rire osaona poo osazu yevara motjipara (oseratanga) Tje ri ondumbu mai rire ondumbu yevara motjipara (ondumbutanga) Tje ri ombambi mai rire ombambi yevara motjipara (ombambitanga)
Further explanation	*Black with a white spot on the face* – onḏorozu yevara motjipara (onḏorotanga) *Red with a white spot on the face* – osaona *or* osazu yevara motjipara (oseratanga) *Yellow, tawny-yellow or dun with a white spot on the face* – ondumbu yevara motjipara (ondumbutanga) *Brown with a white spot on the face* – ombambi yevara motjipara (ombambitanga)
Otuzo mu i tumbwa *Prescribed patriclans*	Ondanga Otimba
Otuzo mu i zera *Proscribed patriclans*	Kai zeri pendje tje ri ondumbu kozonganda nḏe ha tumbu ozondumbu. *Accepted in most patriclans, except in patriclans that proscribe dun or yellow beasts.*

Fig. 3.83 ondumbu yevara motjipara (ondumbutanga) (Bruno & Irmela Jordi, Teuguni)

Fig. 3.84 oṇḍorozu yevara motjipara (oṇḍorotanga) (Hans Sohrada, Ouhave Nguni Stud)

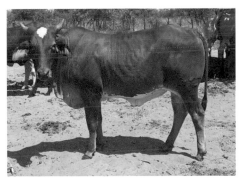

Fig. 3.85 osaona yevara motjipara (oseratanga)* (Ngungaa Hangara)

Ondaura

Omahandjauriro wOtjivara	Ondaura ongombe yotjivara ngamwa ndji nomavara omavapa komutjira kombanda poo rumwe okuronda ketambo poo rumwe okuyenda ngaa motjipara.
Explanation of colour/ pattern	*Of any colour with a white stripe along the back and white underbelly. Sometimes the white can be found on the top part of the tail; sometimes a white line runs up to the back or continues up to the face.*
Omahandjauriro warwe	Tje ri onḓorozu mai rire onḓorotaura. Tje ri oserandu mai rire oserataura. Tje ri ombambi mai rire ombambitaura. Tje ri ondumbu mai rire ondumbutaura. Tje ri ombapa ndji nomavara omaserandu mai rire ombapataura. Tje ri ongange mai rire ongangetaura. Tje ri ekunde mai rire ekundetaura. Tje ri ombya mai rire ombyataura (mozondya zOtjiherero tja Kaoko)/ ombinḓetaura (mozondya zOtjihimba). Tje ri ongwari mai rire ongwaritaura. Tje ri onguvi mai rire onguvitaura. Oruheketaura ongombe youvara ouṱiṱi mbwa rungwa mumwe. Ekambataura ongombe ondaura nu yevara indi evapa nda tupuka metambo ngaa komutjira ṱji ri ri enene. Ondesetaura ongombe onḓorotaura nu ndja sana kondese moutaura wayo.
Further explanation	*Black* ondaura *pattern* – onḓorotaura *Red* ondaura *pattern* – oserataura *Brown* ondaura *pattern* – ombambitaura *Yellow or tawny-yellow* ondaura *pattern* – ondumbutaura *White with a red line or stripe or spots along the tail, back or face* – ombapataura Ongange *pattern with a white line or stripe or spots along the tail, back or face* – ongangetaura Ekunde *pattern with a white line or stripe or spots along the tail, back or face* – ekundetaura Ombya *pattern with a white line or stripe or spots along the tail, back or face* – ombyataura *(in Otjiherero) or* ombinḓetaura *(in Otjihimba dialect)* Ongwari *pattern with a white line or stripe or spots along the tail, back or face* – ongwaritaura Onguvi *pattern with a white line or stripe along the back, tail, face and sometimes the underbelly* – onguvitaura Ondaura *pattern which has dense white and red spots* – oruheketaura Ondaura *pattern with an enlarged white line or stripe along the tail, back or face* – ekambataura Onḓorotaura *pattern resembling that of the honey badger (Mellivora capensis) or ratel in Afrikaans* – ondesetaura
Oruzo mu i tumbwa *Prescribed patriclan*	Okoto
Otuzo mu i zera *Proscribed patriclans*	Ongwatjindu/Otjikuma/Ongwanyimi Omumbaru Orumenḓa Omurekwa Ongwatjiya – tje ri ongombe onḓorotaura/*if it is* onḓorotaura Ondjimba – tje ri ongombe ondesetaura/*if it is* ondesetaura

Fig. 3.86 oserataura (André Lötter, Karas Livestock Company)

Fig. 3.87 ombambitaura (Nguni Cattle Breeders' Society of South Africa)

Fig. 3.88 ondumbutaura (Gisela Giess, Felix Nguni Stud)

Fig. 3.89 ondorotaura (André Lötter, Karas Livestock Company)

Fig. 3.90 onguvitaura (Hans Sohrada, Ouhave Nguni Stud)

Fig. 3.91 ongwaritaura (Ngungaa Hangara)

Fig. 3.92 ondaurakara/ondaura yotuvao (Gisela Giess, Felix Nguni Stud)

Onḓemba

Omahandjauriro wOtjivara	Onḓemba ongombe onḓorozu youvara ouvapa mbu he ri oungi morutu aruhe.
Explanation of colour/ pattern	*Black with few small white spots on its body.*
Omahandjauriro warwe	Ongombe onḓorozu youvara ouvapa ouṱiṱi onḓemba. Ongombe onḓorozu youvara ouṱiṱi pongotwe yomatwi onḓemba onḓimwi. Tje ri oserandu ondjandja poo onganga. Tje ri ombambi ongange. Tje ri ombapa youvara ouserandu ouṱiṱi ekunde.
Further explanation	*Black with small white spots on the body – onḓemba* *Black with small white spots behind the ears – onḓemba onḓimwi* *Red with small white spots on the body – ondjandja or onganga* *Brown with small white spots on the body – ongange* *White with small red spots on the body – ekunde*
Otuzo mu i tumbwa *Prescribed patriclans*	Ongwatjindu/Otjikuma/Ongwanyimi
Otuzo ku i zera *Proscribed patriclan*	Kai zeri motuzo atuhe *Accepted in all patriclans.*

Fig. 3.93 onḓemba (Hans Sohrada, Ouhave Nguni Stud)

Fig. 3.94 onḓemba (Ngungaa Hangara)

Fig. 3.95 onḓemba (Hans Sohrada, Ouhave Nguni Stud)

Fig. 3.96 onḓemba (Hans Sohrada, Ouhave Nguni Stud)

Fig. 3.97 onḓemba onḓimwi[20] (Thomas & Heidrun Peltzer, Mlisha Nguni Stud)

---

[20] Tje ri onḓenḓu ai kwata ena rayo oKanḓimui

Ondimba

Omahandjauriro wOtjivara	Ondimba ongombe yotjivara ngamwa ndji na ouvara momurungu pomband' omeho.
Explanation of colour/ pattern	*Of any colour with a tiny white spot above the eye.*
Omahandjauriro warwe	Ondimba mena rouvara pomband' omeho
Further Explanation	
Otuzo mu i tumbwa	Ombongora
Prescribed patriclan	Omumbaru
	Omuhinaruzo
	Omurekwa
	Ongwendjandje
	Otimba
Oruzo ku i zera	Kai zeri pendje tje ri ondumbu kozonganda ndе ha
Proscribed patriclan	tumbu ozondumbu
	Accepted in most patriclans, except in patriclans that proscribe dun or yellow beasts.

Fig. 3.98 ondimba* (Thomas & Heidrun Peltzer, Mlisha Nguni Stud)

Fig. 3.99 ondimba* (Jekura U. Kavari, Otuvero, Kunene Region)

Ondjandja/onganga

Omahandjauriro wOtjivara	Ongombe oserandu ndja zara ouvara ouvapa ouṱiṱi morutu aruhe. Otjivara hi tjouvara ouvapa oungi morutu tja rukirwa kotjivara tjonḑera ndji ondjandja poo onganga.
Explanation of colour/ pattern	*Red with tiny speckles or dense white spots on the body that resemble the plumage of a sparrow or guinea fowl* (Numida meleagris).
Omahandjauriro warwe	Ondjandja ongombe onḑenḑu nu onganga ondume. Tje ri ombambi motjivara mai rire ongange ohatjikange.
Further explanation of colour/pattern	Ondjandja *– a female of this pattern resembling a sparrow in colour* Onganga *– a male of this pattern resembling a guinea fowl in colour* *Brown in this pattern –* ongange ohatjikange
Otuzo mu i tumbwa ***Prescribed patriclans***	Ongweyuva Ombongora Ondanga Omurekwa Otimba Omumbaru Orumenḑa
Otuzo ku i zera ***Proscribed patriclans***	Kai zeri motuzo atuhe. *Accepted in all patriclans.*

Fig. 3.100 onganga (Ngungaa Hangara)

Fig. 3.101 onganga (Hans Sohrada,
Ouhave Nguni Stud)

Fig. 3.102 ondjandja (Thomas & Heidrun
Peltzer, Mlisha Nguni Stud)

Fig. 3.103 ombindeyandja (Ngungaa
Hangara)

Ondjava

Omahandjauriro wOtjivara	Ondjava ongombe oserandu yomutjira omuvapa kohonga.
Explanation of colour/ pattern	*Red with a white tail tip or white tail switch (brush).*
Omahandjauriro warwe	Tje ri onḍorozu i isanewa kutja onḍorozu yotjinweya poo onḍorozu yevara komutjira.
Further explanation	*Black with a white tail tip or white switch (brush) –* onḍorozu yotjinweya *or* onḍorozu yotjivara komutjira.
Otuzo mu i tumbwa *Prescribed patriclans*	Otimba Ondanga Omurekwa (Ozonganda azehe nḍe tumba ozongombe ozoserandu)
Otuzo ku i zera *Proscribed patriclans*	Kai zeri motuzo atuhe. *Accepted in all patriclans.*

Fig. 3.104 ondjava (Gisela Giess, Felix Nguni Stud)

Fig. 3.105 ondjava* (Ngungaa Hangara)

Fig. 3.106 ondjava[21] (ondjava yevara
motjipara)* (Ngungaa Hangara)

Fig. 3.107 ondjava (Hartmuth Held,
Omitara, Namibia)

---

[21]   Ongombe ndja petura nao i isanewa ena indi Kahei kehi ra Kaoko

Ondjeo

Omahandjauriro wOtjivara	Ondjeo ongombe yotjivara ngamwa ndji nomavara kozondjeo.
Explanation of colour/ pattern	*Of any colour with white patches on the face that stretch to the jaws.*
Omahandjauriro warwe	Tje ri oserandu oserayeo. Tje ri ondorozu ondoroyeo. Tje ri ombambi ombambiyeo. Evara tji ri ri motjipara ere mai rire omboro. Tji i na okavara okatuputupu motjipara okutja ondanga.
Further explanation	*Red with white patches on the face that stretch to the jaws – oserayeo* *Black with white patches on the face that stretch to the jaws – ondoroyeo* *Brown with white patches on the face that stretch to the jaws – ombambiyeo* *With an elongated white patch from the forehead to the muzzle – omboro* *With a round white spot on the forehead – ondanga*
Otuzo mu i tumbwa *Prescribed patriclans*	Omuhinaruzo Ondanga Otimba
Otuzo ku i zera *Proscribed patriclans*	Kai zeri pendje tje ri ondumbu kozonganda nde ha tumbu ozondumbu. *Accepted in most patriclans, except in patriclans that proscribe dun or yellow beasts.*

Fig. 3.108 oserayeo (Ngungaa Hangara)

Fig. 3.109 oserayeo (Usiel Seuakouje
Kandjii, Otjijamangombe, Okondjaṱu
District)

Fig. 3.100 onḓoroyeo (Hans Sohrada,
Ouhave Nguni Stud)

Fig. 3.111 ombambiyeo* (Ngungaa
Hangara)

Fig. 3.112 ondjeorumbu* (Ngungaa
Hangara)

113

Ondumbu

Omahandjauriro wOtjivara	Ongombe ondumbu, ape ndja sana kongeyama nao.
Explanation of colour/ pattern	*Yellow or tawny-yellow resembling the colour of an African lioness (Panthera leo).*
Omahandjauriro warwe	Omaisaneno wozondumbu pekepeke: 1. ondumbu 2. oserarumbu 3. ombembarumbu 4. ohererumbu
Further Explanation	*Various colour variations:* *1. Yellow or tawny-yellow (ondumbu)* *2. Reddish-yellow or reddish tawny-yellow (oserarumbu)* *3. Light yellow (ombembarumbu)* *4. Like a rock rabbit or darkish yellow (ohererumbu)*
Otuzo mu i tumbwa ***Prescribed patriclans***	Omakoti Omurekwa Ohorongo Omumbaru Omuko Ovikoti-ngwatjindu Ombongora
Otuzo mu i zera Proscribed patriclan	Ondanga Otimba Orumenda Ongweyuva[22] Otjiporo Omusema Ondjiva Otjitjindwa Ongwendjandje Osembi Otjikuma/Ongwatjindu/Ongwanyimi

---

[22] Ovapwee kave ri, ovanatje ve rya nu kave vava omaze wayo.

Fig. 3.113 ondumbu* (Ngungaa Hangara)

Fig. 3.114 ondumbu (Bruno & Irmela
Jordi, Teuguni)

Fig. 3.115 ondumbu (Hans Sohrada,
Ouhave Nguni Stud)

Fig. 3.116 ombembarumbu (Usiel
Seuakouje Kandjii, Otjijamangombe,
Okondjaṱu District)

Fig. 3.117 ondumbu (Hans Sohrada,
Ouhave Nguni Stud)

Ongange

Omahandjauriro wOtjivara	Ongombe ombambi youvara ouvapa ouţiţi morutu.
Explanation of colour/ pattern	*Brown, speckled with white spots on the body.*
Omahandjauriro warwe	Omaisaneno wozongange pekepeke: 1. ohatjikange 2. onyarikange 3. oserakange 4. onḑorokange 5. ombahekange 6. ombyakange (mozondya zOtjiherero tja Kaoko)/ ombinḑeramberova (mozondya zOtjihimba) 7. ongangekwari Omavara inga omavapa ţji ya rire omanene, mai rire ongongoro. Tje ri ombapa youvara ouserandu ouţiţi morutu mai rire ekunde. Tje ri onḑorozu youvara ouvapa ouţiţi morutu mai rire onḑemba. Tje ri oserandu youvara ouvapa ouţiţi morutu mai rire ondjandja poo onganga.
Further explanation	*Various colour variations of ongange:* 1. ohatjikange 2. onyarikange 3. oserakange 4. onḑorokange 5. ombahekange 6. ongangekwari *Brown with white patches on the body –* ongongoro. *A white beast with red spots on the body –* ekunde. *A black beast with white spots on the body –* onḑemba. *A red beast with white spots on the body –* ondjandja *or* onganga.
Otuzo mu i tumbwa *Prescribed patriclans*	Ohorongo Otjikuma tjozongange
Otuzo mu i zera *Proscribed patriclans*	Kai zeri, motuzo atuhe i tumbwa. *Accepted in all patriclans.*

Fig. 3.118 ohatjikange (Nguni Cattle Breeders'
Society of South Africa)

Fig. 3.119 ongange (Bruno &
Irmela Jordi, Teuguni)

Fig. 3.120 ohatjikange (Ngungaa
Hangara)

Fig. 3.121 ongange (Thomas &
Heidrun Peltzer, Mlisha Nguni Stud)

Fig. 3.122 ongange (Archie Du
Plessis, Du Plessis Ngunis)

Fig. 3.123 ondamberovakange
(Ngungaa Hangara)

Fig. 3.124 ongange (Thomas &
Heidrun Peltzer, Mlisha Nguni
Stud)

117

Ongara/otuvao

Omahandjauriro wOtjivara	Ongombe yotjivara atjihe ngamwa ndji notuvao morutu.
Explanation of colour/ pattern	*Of any colour with streaks on its body or brindled coat colouring.*
Omahandjauriro warwe	Ongara omozondya zOtjihimba ngunda otuvao e ri mozondya zOtjiherero.
	Omaisaneno wozongara pekepeke: 1. ondumbukara 2. oserakara 3. onḍorokara 4. ombinḍekara 5. ongararamberova
Further explanation	Ongara *is Otjihimba dialect, while* yotuvao *is Otjiherero dialect.*
	Various colour variations of brindled coat are: 1. ondumbukara 2. oserakara 3. onḍorokara 4. ombinḍekara 5. ongararamberova
Otuzo mu i tumbwa Prescribed patriclans	Omakoti Omurekwa
Otuzo mu i zera *Proscribed patriclans*	Ondanga[23] Otimba Orumenḍa Ongwatjindu/Otjikuma/Ongwanyimi (na motuzo atuhe tu tu ha tumbu ozondumbu) *Accepted in most patriclans, except in patriclans that proscribe dun or yellow beasts*

---

[23] I zera koruzo rwOndanga, Otimba, Orumenḍa nOngwatjindu/Otjikuma/Ongwanyimi mena roungara i rira ondumbu.

Fig. 3.125 ongara/otuvao (Thomas & Heidrun
Peltzer, Mlisha Nguni Stud)

Fig. 3.126 ongara/otuvao
(Thomas & Heidrun Peltzer, Mlisha
Nguni Stud)

Fig. 3.127 ongara/otuvao (Gisela
Giess, Felix Nguni Stud)

Fig. 3.128 ombindekara/ohoni
yotuvao (André Lötter, Karas
Livestock Company)

Fig. 3.129 ondumbukara/
ondumbu yotuvao (Gisela Giess,
Felix Nguni Stud)

Fig. 3.130 ondangakara/ondanga
yotuvao* (Ngungaa Hangara)

Fig. 3.131 ongara yotjaka/osaona
yotuvao yotjaka[24] (Thomas &
Heidrun Peltzer, Mlisha Nguni Stud)

---

24   Otjaka ozonde motjipara

Ongombe

Omahandjauriro wOtjivara	Ongombe yotjivara ngamwa ndja koha otjikondambunda. Okukoha okukara nevara evapa enene.
Explanation of colour/ pattern	*Of any colour with a white hind quarter.*
Omahandjauriro warwe	Omaisaneno wozongombe pekepeke: 1. oserakombe 2. oṇḍorokombe 3. ongombeyeo 4. otjikombekondo
Further explanation	*Various colour variations of ongombe found are:* 1. oserakombe 2. oṇḍorokombe 3. ongombeyeo 4. otjikombekondo
Oruzo mu i tumbwa *Prescribed patriclan*	Ongweyuva
Otuzo mu i zera *Proscribed patriclans*	Ongwatjiya Ombongora (na motuzo atuhe tu tu ha tumbu omakondo). *Accepted in most patriclans, except in patriclans that proscribe beasts with a stripe cutting across the back, either on the shoulder (front quarter), or hind quarter, or in the middle, or cutting across at both front quarter and hind quarter.*

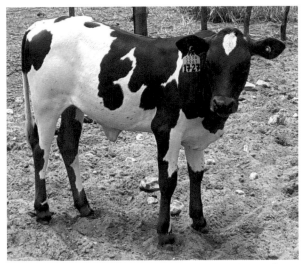

Fig. 3.132 otjikombevambi/otjikombekondo/orukoze
(Gisela Giess, Felix Nguni Stud)

Fig. 3.133 oserakombe (Ngungaa
Hangara)

Fig. 3.134 oserakombe (Usiel Seuakouje
Kandjii, Otjijamangombe, Okondjaṱu
District)

Fig. 3.135 onḓorokombe (Usiel Seuakouje
Kandjii, Otjijamangombe, Okondjaṱu
District)

Fig. 3.136 otjikombekondo (Bruno & Irmela
Jordi, Teuguni)

Ongongoro

Omahandjauriro wOtjivara *Explanation of colour/ pattern*	Ongombe ombambi yomavara omavapa omanene. *Brownish with relatively large white patches.*
Omahandjauriro warwe	Omaisaneno wozongongoro pekepeke: 1. ongongorokange 2. ongongorokoze
Further explanation	Omavara inga omavapa tji ye ri omaṯiṯi mai rire ongange. *Various colour variations of ongongoro found are:* 1. ongongorokange 2. ongongorokoze *Brown of this pattern with small white spots – ongange*
Otuzo mu i tumbwa *Prescribed patriclans*	Ohorongo Omuhinaruzo Otjikuma tjozongange
Otuzo mu i zera *Proscribed patriclans*	Kai zeri motuzo atuhe. *Accepted in all patriclans.*

Fig. 3.137 ongongoro (Ngungaa Hangara)

Fig. 3.138 ongongoro (Ngungaa Hangara)

Fig. 3.139 ongongoro (Ngungaa Hangara)

Fig. 3.140 ongongoro (Ngungaa Hangara)

Fig. 3.141 ongongororumbu (Nguni Cattle Breeders' Society of South Africa)

Ongoroona/ongorozu

Omahandjauriro wOtjivara	Ongombe ombonde ndja zara omavara omaţiţi wozonḍi.
Explanation of colour/ pattern	*White with relatively small black patches or black with relatively small white patches.*
Omahandjauriro warwe	Tje ri ondema i isanewa kutja ongoroona, nu tji i ri ondume ongorozu. Omavara inga omazorondu tji ya rire omaserandu omanene i isanewa kutja ombawe. Omavara inga omazorozu poo omavapa tji ya rire omanene i isanewa kutja ombonde. Tji ya rire oserandu yomavara omavapa omaţiţi i isanewa kutja ombahozu/ombahiwona.
Further explanation	*A female of this colour pattern* – ongoroona, *male* – ongorozu. *White with relatively large red patches or marks* – ombawe. *White with relatively large black patches or black with relatively large white patches* – ombonde *White with small red patches or marks* – ombahozu *(male) or* ombahiwona *(female).*
Otuzo mu i tumbwa ***Prescribed patriclans***	Ongweyuva Ongwatjindu/Otjikuma/Ongwanyimi
Oruzo mu i zera ***Proscribed patriclan***	Ongwatjiya Ombongora

Fig. 3.142 ongorozu (Hans Sohrada, Ouhave Nguni Stud)

Fig. 3.143 ongoroona (Hans Sohrada, Ouhave Nguni Stud)

Fig. 3.144 ongorozu (Ngungaa Hangara)

Fig. 3.145 ongorozu[25] (Hans Sohrada, Ouhave Nguni Stud)

Fig. 3.146 ongoroona[26] (Hans Sohrada, Ouhave Nguni Stud)

25 Tji i ri oserandu ma rire Ekwararamberova

26 Tji i ri oserandu ma rire Ombahiwona mena romavara omanene

Onguriu

Omahandjauriro wOtjivara	Ongombe oserandu poo onḍorozu yevara pomuriu.
Explanation of colour/ pattern	*Red or black with a white mark across the throat.*
Omahandjauriro warwe	Evara tji ra vaza kozondjeo mai rire ondjeo.
Further explanation	*If the mark reaches the jaws – ondjeo.*
Otuzo mu i tumbwa *Prescribed patriclans*	Otimba Ondanga Omuhinaruzo
Otuzo ku i zera *Proscribed patriclans*	Kai zeri motuzo atuhe. *Accepted in all patriclans.*

126

Fig. 3.147 onguriu (Hans Sohrada, Ouhave Nguni Stud)

Fig. 3.149 onguriu (Thomas & Heidrun Peltzer, Mlisha Nguni Stud)

Fig. 3.148 onguriu (Hans Sohrada, Ouhave Nguni Stud)

Fig. 3.150 onguriu (Gisela Giess, Felix Nguni Stud)

Fig. 3.151 onguriu (Gisela Giess, Felix Nguni Stud)

Onguvi

Omahandjauriro wOtjivara	Ongombe onḍorozu yoruuma poo yozonḍi morutu.
Explanation of colour/ pattern	*Black mixed with greyish white hairs.*
Omahandjauriro warwe	Tje ri onḍorozu yozonḍi okutja onḍorokuvi. Tje ri onguvi ombapa mai rire ombapakuvi/ondovazu.
Further explanation	*The colour can range from light grey, blue roan, black or a combination of those.*
Otuzo mu i tumbwa **Prescribed patriclans**	Ongwatjindu Otjikuma Ongwanyimi
Otuzo mu i zera **Proscribed patriclans**	Kai zeri motuzo atuhe. *Accepted in all patriclans.*

128

Fig. 3.152 ombapakuvi (ondovazu) (Nguni Cattle Breeders' Society of South Africa)

Fig. 3.153 ombapakuvi (ondovazu) (Thomas & Heidrun Peltzer, Mlisha Nguni Stud)

Fig. 3.154 ombapakuvi (ondovazu) (Hans Sohrada, Ouhave Nguni Stud)

Fig. 3.155 ondorokuvi (Hans Sohrada, Ouhave Nguni Stud)

Fig. 3.156 ondorokuvi (Ngungaa Hangara)

Fig. 3.157 onguvi (Ngungaa Hangara)

Fig. 3.158 onguvi (Thomas & Heidrun Peltzer, Mlisha Nguni Stud)

Onguze

Omahandjauriro wOtjivara	Ongombe youserandu mbwa tjama kourumbu mu mu noruuma
Explanation of colour/ pattern	*Yellowish-red.*
Omahandjauriro warwe	Omaisaneno wozonguze pekepeke: 1. osaona onguze 2. onguzerumbu
Furher explanation	*Various colour variations found are:* 1. Osaona onguze *(denoting a 'reddish' beast)* 2. Onguzerumbu *(denoting a 'yellowish' beast)*
Otuzo mu i tumbwa ***Prescribed patriclan***	Omakoti Omurekwa Omumbaru (na motuzo atuhe tu tu tumba ozondumbu). *Accepted in most patriclans that prescribe dun or yellow beasts (*rumbu *denoting dun or yellow).*
Otuzo mu i zera ***Proscribed patriclans***	Ondanga Otimba Orumenḓa (na motuzo atuhe tu tu ha tumbu ozondumbu). *Accepted in most patriclans, except those that proscribe dun or yellow beasts (*rumbu denoting dun or yellow).

Fig. 3.159 onguze (Ngungaa Hangara)

Fig. 3.160 osaona onguze (Gisela Giess, Felix Nguni Stud)

Fig. 3.161 onguzerumbu* (Ngungaa Hangara)

Ongwari

Omahandjauriro wOtjivara	Ongombe ndja zara ouvara ouṱiṱi pehuri nu ai yere nga kozombati poo ongombe ondamberova ndja era kombanda. Otjivara hi tja rukirwa mena rouvara ouṱiṱi mbu ri otjowonḓera indji ongwari.
Explanation of colour/ pattern	*With tiny white spots or white speckles which stretch from the belly to the rib area.* *This pattern resembles that of a red-billed spurfowl (Pternistis adspersus) or rooibekfisant (Afrikaans).*
Omahandjauriro warwe	Tje ri oserandu motjivara oserakwari Tje ri onḓorozu motjivara onḓorokwari Tje ri ongange motjivara ongwarikange
Further explanation	*Red with this* ongwari *pattern –* oserakwari *Black with this* ongwari *pattern –* onḓorokwari *Brown with this* ongwari *pattern –* ongwarikange
Otuzo mu i tumbwa *Prescribed patriclans*	Omumbaru Omuhinaruzo
Otuzo mu i zera *Proscribed patriclans*	Kai zeri motuzo atuhe. *Accepted in all patriclans.*

Fig. 3.162 onḓorokwari (Hans Sohrada, Ouhave Nguni Stud)

Fig. 3.163 onḓorokwari (Elmien Willemse, Leeuwdoornpan Nguni Stud)

Fig. 3.164 onḓorokwari (Ngungaa Hangara)

Fig. 3.165 oserakwari* (Ngungaa Hangara)

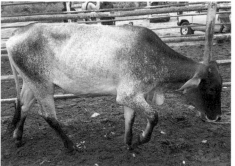

Fig. 3.166 ongwarikange* (Ngungaa Hangara)

133

Ongwendje

Omahandjauriro wOtjivara	Ongombe yotjivara ngamwa youvara outiti oungi morutu aruhe.
Explanation of colour/ pattern	*Of any solid colour with many spots all over the body.*
Omahandjauriro warwe	Tje ri oserandu motjivara oserakwendje.
	Tje ri ondorozu motjivara ondorokwendje.
	Tje ri ombapa motjivara ombapakwendje.
	Tje ri ondumbu motjivara ongwendjerumbu.
Further explanation	*Red with many spots all over the body* – oserakwendje
	Black with many spots all over the body – ondorokwendje
	White with many black spots all over the body – ombapakwendje
	Yellow or tawny-yellow with many spots all over the body – ongwendjerumbu
Otuzo mu i tumbwa *Prescribed patriclans*	Omuhinaruzo
	Orukamba
Otuzo ku i zera *Proscribed patriclans*	Kai zeri pendje tje ri ongwendjerumbu kozonganda nde ha tumbu ozondumbu.
	The ongwendjerumbu *beast is not accepted in patriclans that proscribe dun or yellow beasts.*

Fig. 3.167 oserakwendje* (Ngungaa Hangara)

Fig. 3.168 oserakwendje (Ngungaa Hangara)

Fig. 3.169 onḍorokwendje (Thomas & Heidrun Peltzer, Mlisha Nguni Stud)

Fig. 3.170 onḍorokwendje (Hartmuth Held, Omitara, Namibia)

Fig. 3.171 ombapakwendje (André Lötter, Karas Livestock Company)

Orukoze

Omahandjauriro wOtjivara	Orukoze ongombe ombapa yomavara omavambi.
Explanation of colour/ pattern	*White with relatively large brown patches.*
Omahandjauriro warwe	Tje ri ombapa yomavara omanene omaserandu mai rire ombawe. Tje ri onḏorozu yomavara omavapa omanene poo ombapa yomavara omazorondu omanene mai rire ombonde. Tje ri oserandu poo ondumbu yomavara omavapa mai rire ombawerumbu poo ombahiwonarumbu/ ombahozurumbu.
Further explanation	*White with relatively large red patches or red with large white patches* – ombawe *or* ombahiwona/ombahozu *White with relatively large black patches* – ombonde *Red or yellow with relatively large white patches* – ombawerumbu *or* ombahiwonarumbu/ombahozurumbu
Otuzo mu i tumbwa *Prescribed patriclans*	Ongweyuva (na motuzo atuhe tu tu tumba ozombapa). *Accepted in all patriclans that prescribe white cattle.*
Otuzo mu i zera *Proscribed patriclans*	Kai zeri motuzo atuhe. *Accepted in all patriclans.*

Fig. 3.172 orukoze (Ngungaa Hangara)

Fig. 3.173 orukoze (Ngungaa Hangara)

Fig. 3.174 orukoze[27]* (Ngungaa Hangara)

Fig. 3.175 orukoze (Hans Sohrada, Ouhave Nguni Stud)

Fig. 3.176 orukoze[28] (Ngungaa Hangara)

---

27   Mai zeri kotuzo atuhe tu tu ha tumbu ozongombe omakondo
28   Mai zeri kotuzo atuhe tu tu ha tumbu ozongombe omakondo

Orupera

Omahandjauriro wOtjivara	Ongombe oserandu yevara evapa mombuto poo motjitoke poo mevango (Otjiherero tja Kaoko). Ongombe oserandu yevara evapa posakuapa (pokuapa) (Otjihimba).
Explanation of colour/ pattern	*Red with a white patch on the hind/rear flank.*
Omahandjauriro warwe	Tje ri ombambi mai rire eo. Tje ri ondorozu mai rire ombotoona (ondema) poo ombotozu (ondume). Tje ri ondumbu motjivara i isanewa kutja oruperarumbu.
Further explanation	*Brown with a white patch on the hind/rear flank – eo Black with a white patch on the hind/rear flank – ombotozu (male) or ombotoona (female) Yellow or tawny-yellow with a white patch on the hind/ rear flank – oruperarumbu*
Otuzo mu i tumbwa *Prescribed patriclans*	Omumbaru Orumenda Omurekwa (na motuzo atuhe tu tu tumba ozoserandu). *Accepted in all patriclans that prescribe red cattle.*
Otuzo ku i zera *Proscribed patriclans*	Kai zeri motuzo atuhe. *Accepted in all patriclans.*

Fig. 3.177 orupera/ombutise (Ngungaa Hangara)

Fig. 3.178 orupera/ombutise
(Kavemunu Tjikuzu Veii,
Oruvize, Epukiro)

Fig. 3.179 orupera/ombutise
(Gisela Giess, Felix Nguni Stud)

Fig. 3.180 orupera (Gisela
Giess, Felix Nguni Stud)

Fig. 3.181 orupera (Bruno &
Irmela Jordi, Teuguni)

Fig. 3.182 orupera (Ngungaa
Hangara)

Fig. 3.183 ombutisepera (Hans
Sohrada, Ouhave Nguni Stud)

Osemba

Omahandjauriro wOtjivara *Explanation of colour/ pattern*	Ongombe onḓorozu youvara ouvapa oungi morutu. *Black with speckles or dense white spots on the body.*
Omahandjauriro warwe *Further explanation*	Tje ri oserandu mai rire ondjandja/onganga. Tje ri ombambi ohatjikange. Tje ri ombapa youvara ouserandu mai rire ekunde. *Red with speckles or dense white spots on the body* *– ondjandja/onganga* *Brown with speckles or dense white spots on the body* *– ongange ohatjikange* *White with speckles or dense white spots on the body* *– ekunde*
Oruzo mu i tumbwa *Prescribed patriclan*	Ongwatjindu Otjikuma Ongwanyimi
Otuzo ku i zera *Proscribed patriclans*	Kai zeri motuzo atuhe. *Accepted in all patriclans.*

Fig. 3.184 osemba ongaravize (Archie Du Plessis, Du Plessis Ngunis)

Fig. 3.185 osemba (André Lötter, Karas Livestock Company)

Fig. 3.186 osemba (Hans Sohrada, Ouhave Nguni Stud)

Fig. 3.187 osemba (Hans Sohrada, Ouhave Nguni Stud)

Fig. 3.188 osembazemba (Hans Sohrada, Ouhave Nguni Stud)

EKONDWA 4
Oviperendero vyOvivara Ovitjoziwa

CHAPTER 4
Additional illustrations of colours and patterns

Fig. 4.1 osaona (Elmien Willemse, Leeuwdoornpan Nguni Stud)

Fig. 4.2 osaona* (Jekura U. Kavari, Otuvero, Kunene Region)

Fig. 4.3 osazu (Gisela Giess, Felix Nguni Stud)

Fig. 4.4 osaona omutaku[29] /osaona endjembere (Gisela Giess, Felix Nguni Stud)

---

[29] Omutaku omiti mbu hapa mozondundu, nu omize vyomutaku ombya sana kotjivara tjongombe indji

Fig. 4.5 ekwara (Bruno & Irmela Jordi, Teuguni)

Fig. 4.6 ekwararumbu (Nguni Cattle Breeders' Society of South Africa)

Fig. 4.7 ekwara (Hans Sohrada, Ouhave Nguni Stud)

Fig. 4.8 eo (Ngungaa Hangara)

Fig. 4.9 onḏorohaka yetendeka/ otjihakakondo (Hans Sohrada, Ouhave Nguni Stud)

Fig. 4.10 onḏorohaka (Hans Sohrada, Ouhave Nguni Stud)

Fig. 4.11 ohakarumbu (Hans Sohrada, Ouhave Nguni Stud)

Fig. 4.12 ohakayeo (Hans Sohrada, Ouhave Nguni Stud)

Fig. 4.13 ohakakondo (Sergius Kanyangela, Oupembe, Omusati Region, Namibia)

Fig. 4.14 ombambikondo* (Ngungaa Hangara)

Fig. 4.15 ombahiwona yozombandu/ yomavara omanene (Hans Sohrada, Ouhave Nguni Stud)

Fig. 4.16 ohererumbu/ondjimarumbu (Hartmuth Held, Omitara, Namibia)

Fig. 4.17 ombotoona (Gisela Giess, Felix Nguni Stud)

Fig. 4.18 ombotozu (Ngungaa Hangara)

Fig. 4.19 ondamberovakange/ ongangeramberova (André Lötter, Karas Livestock Company)

Fig. 4.20 ondamberovakange/ ongangeramberova (Ngungaa Hangara)

Fig. 4.21 ondamberovarumbu (André Lötter, Karas Livestock Company)

Fig. 4.22 ondamberovakange/ ongangeramberova/ongwari* (Ngungaa Hangara)

Fig. 4.23 ekambataura (Hans Sohrada, Ouhave Nguni Stud)

Fig. 4.24 ekambataura (Sergius Kanyangela, Oupembe, Omusati Region, Namibia)

Fig. 4.25 ekambataura (André Lötter, Karas Livestock Company)

Fig. 4.26 ohakataura (John Rabie, Namibgrens Nguni Stud)

Fig. 4.27 oserataura (Nguni Cattle Breeders' Society of South Africa)

Fig. 4.28 oserataura (Ngungaa Hangara)

146

Fig. 4.29 ondumbutaura (Nguni Cattle Breeders' Society of South Africa)

Fig. 4.30 ombambitaura (Elmien Willemse, Leeuwdoornpan Nguni Stud)

Fig. 4.31 ombambitaura (Nguni Cattle Breeders' Society of South Africa)

Fig. 4.32 ombambitaura (Nguni Cattle Breeders' Society of South Africa)

Fig. 4.33 ombambitaura* (Ngungaa Hangara)

Fig. 4.34 ombinḓetaura/ombyataura (Elmien Willemse, Leeuwdoornpan Nguni Stud)

Fig. 4.35 ongwaritaura* (Ngungaa
Hangara)

Fig. 4.36 ongwaritaura* (Ngungaa
Hangara)

Fig. 4.37 oruheketaura (Hans Sohrada,
Ouhave Nguni Stud)

Fig. 4.38 oruheketaura (Hans Sohrada,
Ouhave Nguni Stud)

Fig. 4.39 oruheketaura (André Lötter,
Karas Livestock Company)

Fig. 4.40 oruheketaura (Ngungaa
Hangara)

Fig. 4.41 oruheketaura (Ngungaa Hangara)

Fig. 4.42 oruheketaura (John Rabie, Namibgrens Nguni Stud)

Fig. 4.43 oruheketaura (Ngungaa Hangara)

Fig. 4.44 oruheketaura (Ngungaa Hangara)

Fig. 4.45 ondaurakara/ondaura yotuvao (Gisela Giess, Felix Nguni Stud)

Fig. 4.46 ondaurakara/ondaura yotuvao (Thomas & Heidrun Peltzer, Mlisha Nguni Stud)

Fig. 4.47 ondaurakara/ondaura yotuvao
(Thomas & Heidrun Peltzer, Mlisha Nguni
Stud)

Fig. 4.48 ondaurakara/ondaura yotuvao
(Thomas & Heidrun Peltzer, Mlisha Nguni
Stud)

Fig. 4.49 ondaurakara/ondaura yotuvao
(Nguni Cattle Breeders' Society of South
Africa)

Fig. 4.50 ondaurakara/ondaura yotuvao
(Gerrit Nolte, Volmoed Boerdery, Gochas,
Namibia)

Fig. 4.51 ondesetaura (André Lötter,
Karas Livestock Company)

Fig. 4.52 ondesetaura (Ngungaa Hangara)

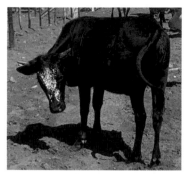

Fig. 4.53 ondesetaura[30][31] (Hartmuth
Held, Omitara, Namibia)

Fig. 4.54 onguvitaura (Nguni Cattle
Breeders' Society of South Africa)

Fig. 4.55 ondumbutaura (Hans Sohrada,
Ouhave Nguni Stud)

Fig. 4.56 ongange (John Rabie,
Namibgrens Nguni Stud)

Fig. 4.57 ongange* (Ngungaa Hangara)

Fig. 4.58 ohatjikange (Thomas & Heidrun
Peltzer, Mlisha Nguni Stud)

---

[30] Ozongombe ozondese imbari oondji zara motjipara na ndji zara komutjira. Onḓorozu yotjaka
tjoutaura

[31] Ongombe ondese i zera moruzo rOmumbaru, Ombongora, Ondjimba

Fig. 4.59 ohatjikange (Thomas & Heidrun Peltzer, Mlisha Nguni Stud)

Fig. 4.60 ongangeramberova/ ondamberovakange* (Ngungaa Hangara)

Fig. 4.61 ombyakange/ ombinḑeramberova* (Ngungaa Hangara)

Fig. 4.62 ongongoro (André Lötter, Karas Livestock Company)

Fig. 4.63 ongongoro (Usiel Seuakouje Kandjii, Otjijamangombe, Okondjaṱu District)

Fig. 4.64 ongongoro (Hans Sohrada, Ouhave Nguni Stud)

Fig. 4.65 ongongorokange (Ngungaa Hangara)

Fig. 4.66 ongongorokange (Ngungaa Hangara)

Fig. 4.67 ongongorokange (Ngungaa Hangara)

Fig. 4.68 onḑorokwari[32] (Hans Sohrada, Ouhave Nguni Stud)

Fig. 4.69 onḑorokwari[33] (Hans Sohrada, Ouhave Nguni Stud)

Fig. 4.70 onḑorokwari (Bruno & Irmela Jordi, Teuguni)

---

[32] Onḑorokwari mena rouvara mbu ya nyona okuza kotjiuru ngaa motjari

[33] Ongwari mena revara ndi ri mosengo

Fig. 4.71 ongwarirumbu* (Ngungaa
Hangara)

Fig. 4.72 ongonga/ombonde (Hans
Sohrada, Ouhave Nguni Stud)

Fig. 4.73 ongonga/ombonde (Bruno &
Irmela Jordi, Teuguni)

Fig. 4.74 ongonga (Ngungaa Hangara)

Fig. 4.75 onḓemba[34] (Hans Sohrada,
Ouhave Nguni Stud)

Fig. 4.76 orukoze (Bruno & Irmela Jordi,
Teuguni)

---

[34] Ouzemba u ri motjipara, osengo ngaa movitoke

Fig. 4.77 orukoze (Bruno & Irmela Jordi, Teuguni)

Fig. 4.78 osemba (Hans Sohrada, Ouhave Nguni Stud)

Fig. 4.79 osemba (Hans Sohrada, Ouhave Nguni Stud)

Fig. 4.80 osemba (Elmien Willemse, Leeuwdoornpan Nguni Stud)

Fig. 4.81 osemba (Hans Sohrada, Ouhave Nguni Stud)

Fig. 4.82 osemba (Elmien Willemse, Leeuwdoornpan Nguni Stud)

Fig. 4.83 osemba (Hans Sohrada, Ouhave
Nguni Stud)

Fig. 4.84 osemba (Hartmuth Held, Omitara,
Namibia)

Fig. 4.85 osemba (Hans Sohrada, Ouhave
Nguni Stud)

EKONDWA 5
Ombunguriro nomapeturiro wozonya

Pendje novivara vyozongombe, ombunguriro poo omapeturiro wozonya zozo-ngombe oviungurisiwa ovinene mbi haṇa ouini wovinamuinyo mokati kOva-herero. Pe na ovizerika mbya tjama nombunguriro poo nomapeturiro wozonya mbya kutwa ku na otuzo, nu oruzo aruhe ru na ovizerika vyaro ohunga nombu-nguriro yozonya zozongombe zavo nḍu ru tumba. Otjotjisanekero, ongombe eriva, eungu poo ohungu kai tumbwa moruzo rwohorongo, ngunda ongombe eriva, eungu poo ohungu e ri ndji tumbwa moruzo rwongweyuva.

Ovatjange vembo va muna ozombunguriro poo omapeturiro wozonya omi-hoko omurongo na hambondatu (18), nu inga kange ri omaandero.

CHAPTER 5
Horn shapes

Besides the coat colour and pattern, the horn shape is used by Ovaherero for identifying cattle. Additionally, there are taboos and totems among patriclans when it comes to keeping cattle of particular horn conformations. As an exam-ple, a beast with horn points curving downwards (eriva/eungu) *or even without horns* (ohungu) *is prohibited (proscribed) in the Ohorongo patriclan while it is prescribed in the Ongweyuva patriclan.*

Although the list may not be exhaustive, eighteen (18) different conformations of horns have been identified.

yaera
horns curving upwards

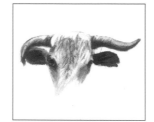

ongoto ohei
*one horn turning
downwards*

ohei
one horn curving down

ongoto ndja kotora
komurungu
*horns pointing
downwards on either
side or round before
the face*

osemba
*erect and slightly
curved horns*

osemba ndja yarura
kongotwe
*lyre-shaped horns
curving up with the tips
pointing backwards*

osemba ndja sotorora
*lyre-shaped horns
curving up with the tips
pointing outwards*

ombaranga ondanda
broad-spread horns

ombaranga-koto
*widespread horns
slightly curved and
elevated*

ombaranga
yozombembanya
*whitish broad-
spreading horns*

ombaranga ndja wisa
*broad-speading
horns slightly curving
frontwards*

epanda/epambi
*horns slightly
down-curved*

158

ohei
*one horn turned
downwards*

eungu
*horns with points
curving downwards*

eriva
*horns with points
curving downwards*

oukokwi
*small horns,
down-curved*

ombumbunya
broken-off horn

onya imwe
*one horn curving
upward*

ohungu
polled (hornless)

EKONDWA 6
Omana wOvihako

Ovaherero okuza kororowa ve ungurisa ovihako otjoviune ovinahepero okuhana ouini wovinamuinyo otja koveni vavyo poo oku ku tjiukirwa ovinamuinyo kutja omuini oune. Ovihako tjiva otji vya kutwa ku notuzo nu ozongombe ozomba ndjare ze yarurwa koveni vazo mena rovihako vyazo. Otuzo tjiva tjimuna Ondanga, Ohorongo nOngwatjiya tu haka omivero komatwi ayeevari. Okoto poo Ekoto ru haka otuviri komatwi ayeevari. Ombongora nOrumenda tu haka ozomeme poo outoni nomuvero. Ongweyuva ngunda ai tjiukirwa kokuhina okutwako ovihako kaparukaze.

Wina pe na ovihako mbi hi na otjina notuzo kaani tjimuna imbi: omuvero, outoni, otjimeto poo otjikoporwa, oruviri, ondovi, ondimbutwi nomikova.

CHAPTER 6
Ear notches

The Ovaherero have been using ear notches as a simple and handy method for identifying livestock for many years. Some ear notches are linked to certain patriclans and as a result, ownership of stray cattle can be easily traced. The patriclans such as Ondanga, Ohorongo and Ongwatjiya mark their livestock with omivero *on both ears. The Okoto (Ekoto) patriclan earmark their cattle with* otuviri *on both ears. The Ombongora and Orumenda patriclans earmark their cattle with* ozomeme/outoni *and* omuvero. *There are also patriclans such as Ongweyuva that do not earmark their cattle.*

There are ear notches that are general and that are not related to a specific patriclan such as omuvero, outoni, otjimeto/otjikoporwa, oruviri, ondovi, ondimbutwi *and* omikova.

ondovi komanene

ondovi komamuho

otjimeto/otjikoporwa moukoto
komanene

otjimeto/otjikoporwa moukoto
komamuho

otjimeto/otjikoporwa pendje
komanene

otjimeto/otjikoporwa pendje
komamuho

161

ozomeme komamuho pendje
nomivero/ozohura

ozomeme zoutoni komanene

omivero/ozohura komatwi ayeevari

otuviri komatwi ayeevari

ondimbutwi komanene

ondimbutwi komamuho

162

Ozomburo/References

Alexander, N. (1981). Jakob Marengo and Namibian History, *Social Dynamics* 7(1) 1-7.

Alexander, N. (1983). Three essays on Namibian history. *Namibian Review Publications, 1*, 1-70.

Armstrong, C. W. B. (1984). *Conformation of Sanga Cattle and Phenotypic Selection Criteria for this Group of Indigenous Cattle Types.* Unpublished paper, Department of Co-operation and Development, Pretoria.

Barnard, J. P., & Venter, J. P. (1983). *Indigenous and exotic beef cattle in South West Africa – A progress report.* 15th Regular meeting, SARCUSS Standing Committee for Animal Production, Maun, Botswana.

Bley, H. (1971). *South West Africa under German Rule, 1894-1914.* Evanston: Northwestern University Press.

Bollig, M., & Gewald, J.-B. (2000). People, Cattle and Land: Transformations of a Pastoral Society in Southwestern Africa. In *M. Bollig & J.-B. Gewald (Eds.), People, Cattle and Land: Transformations of a Pastoral Society in Southwestern Africa* (pp. 3–52). Cologne: Köppe.

Bridgman, J. (1981). *The Revolt of the Hereros.* Berkely: University of California Press.

Brown, D. L. (1959). The Nguni breed of cattle: A descriptive review. *Empire Journal of Experimental Agriculture, 27*(108), 277–290.

Cooker, M. (2001). *Rivers of Blood, Rivers of Gold: Europe's Conquest of Indigenous Peoples.* New York: Grove Press.

Curson, H. H., & Thornton, R. W. (1936). A contribution to the study of African cattle. *Onderstepoort Journal of Veterinary Science and Animal Industry, 7*(2), 613–739.

Curson, H. H. (1936). Studies in Native Animal Husbandry. 14. The Native Cattle Types of Africa, with particular reference to South Africa. *Journal of the South African Veterinary Association, 7* (1), 11–19.

Dannert, E. (1906). *Zum Rechte der Herero.* Berlin: Dietrich Reimer.

Drechsler, H. (1980). *Let Us Die Fighting: the struggle of the Herero and Nama against German imperialism (1884–1915).* London: Zed Press.

Förster, L. (2005). *Land and landscape in Herero oral culture: Cultural and social aspects of the land question in Namibia. Analysis and Views, 1.* Windhoek: Namibia Institute for Democracy (NID) and Konrad Adenauer-Stiftung.

Gewald, J-B. (1996). *Towards Redemption: Socio-political history of the Herero of Namibia between 1890 and 1923.* Leiden: Research School CNWS.

Gewald, J-B. (1998). *Herero heroes: a socio-political history of the Herero of Namibia, 1890–1923.* Oxford: James Currey.

Gewald, J-B. (1999). The Road of the Man Called Love and the Sack of Sero: The Herero-German War and Export of Herero Labour to the South African Rand, *Journal of African History, 40* (1), 21–40. doi:10.1017/S0021853798007294

Gewald, J-B. (2000). Colonization, Genocide and Resurgence: The Herero of Namibia, 1890-1933. In M. Bollig & J-B. Gewald (Eds.), *People, Cattle and Land: Transformations of a Pastoral Society in Southwestern Africa* (pp. 187–226). Cologne: Köppe.

163

Gibson, G. D. (1956). Double descent and its correlates among the Herero of Ngamiland. *American Anthropologist*, *58*(1), 109–139. https://doi.org/10.1525/aa.1956.58.1.02a00080

Gibson, G. D. (1977). Himba Epochs, *History in Africa*, (4), 67–120. Copy in Namibia National Archives, reference number TLE/0462.

Groenewald, J. W., & Curson, H. H. (1933). Studies in Native Animal Husbandry. 6. A Note on Ovambo Cattle. *Onderstepoort Journal of Veterinary Science and Animal Industry, 1(2), 601–620.*

Hahn, J. (1869). Die Ovaherero. *Zeitschrift der Gesellschaft für Erdkunde zu Berlin, No. 19,* vierter Band. Berlin, p. 227.

Hangara, N. (2017). *Otuzo twOvaherero.* Windhoek: University of Namibia Press.

Hangara, N., & Marenga, N. U. (2018). *Ovizerika nomaheero wovinenge vyOvaherero.* Unpublished manuscript.

Herskovits, M. J. (1930). The Culture Areas of Africa. *Africa, 3* (1), 59–77. doi:10.2307/1155124

Irle, J. (1906). *Die Herero: Ein Beitrag zur Landes-, Volks- & Missionskunde.* Gütersloh: Bertelsmann.

Kamupingene, T. K. (1985). *Ozondambo za Tjipangandjara.* Windhoek: MacMillan Education.

Kaputu, J. (Producer).(2018). *Ozongombe: Omaraa wa Ndjambi kooTate.* Otjiherero Radio Service, Windhoek (Aired at 21:00 h on 5 July 2018).

Katjavivi, P. H. (1988). *A History of Resistance in Namibia.* Paris: UNESCO

Kavari, Jekura U. (2000). *The Form and Meaning of Otjiherero Praises.* Cologne: Köppe.

Kizza, I. N. (2010). *The Oral Tradition of the Baganda of Uganda: A Study and Anthology of Legends, Myths, Epigrams and Folktales.* North Carolina: McFarland & Company Inc.

Leutwein, T. (1906). *Elf Jahre Governeur in Deutsch-Sudwestafrika.* Berlin: E. S. Mittler und Sohn.

Malan, J. S. (1995). *Peoples of Namibia.* Pretoria: Rhino Publishers.

Maule, J. P. (1973). The role of the indigenous breeds for beef production in southern Africa. S*outh African Journal of Animal Science 3*, 111–130.

Molhuysen, H. (1911). *Untersuchungen über die südafrikanischen Rinder mit besonderer Berücksichtigung des Transvaalrindes.* Zürich: F. Lohbauer.

Mossolow, N. C. (1975). *Waterberg. Beitrag zur Geschichte der Missionsstation Otjozondjupa, des Kambazembi-Stammes und des Hererolandes.* Windhoek: John Meinert.

Namibia Statistics Agency. (2011). *Population and Housing Census: Kunene Regional Tables based on 4th Delimitation.* Windhoek: Namibia Statistics Agency.

Olusoga, D., & Erichsen, C. W. (2010). *The Kaiser's Holocaust: Germany's Forgotten Genocide and the Colonial Roots of Nazism.* London: Faber and Faber.

Ohly, R. (1990). *The Poetics of Herero Song: an outline.* Windhoek: University of Namibia.

Oosthuizen, M. P. (1996). *Uchibidolo: The Abundant Herds: A descriptive study of Sanga-Nguni cattle of the Zulu People with special reference to colour-pattern terminology and naming-practice.* (Unpublished doctoral dissertation). Durban: University of Natal.

Paskin, R. D. (1990). *A review of Agriculture in Kaokoland with special reference to animal husbandry and veterinary extension.* Windhoek: Directorate of Veterinary Services, Ministry of Agriculture, Water and Rural Development.

Plug, I., & De Wet, E. (3–4 March, 1994). *Domestic Animals in Prehistory, History and Today: Rescuing Diversity in Conservation of Early Domesticated Animals of Southern Africa*. Proceedings of a Conference held at Willem Prinsloo Agricultural Museum, compiled by Etta Judson. Pretoria: Irene Animal Production Institute, pp.27 –32.

Poland, M., & Hammond-Tooke, D. (2003). *The Abundant Herds. A Celebration of the Nguni Cattle of the Zulu People*. Cape Town: Fernwood Press.

Pool, G. (1979). *Die Herero Opstand 1904–1907*. Cape Town: HAUM.

Pool, G. (1991). *Samuel Maharero*. Windhoek: Gamsberg Macmillan.

Schinz, H. (1891). *Deutsch-Südwest-Afrika. Forschungsreisen durch die deutschen Schutzgebiete Gross-Nama-und Hereroland, nach dem Kunene, dem Ngami-See und der Kalaxari 1884–1887*, Oldenburg and Leipzig: Schulz.

Schoeman, S. J. (1989). Recent research into the production potential of indigenous cattle with specific reference to the Sanga. *South African Journal of Animal Science, 19* (2), 55–61.

Scholtz, M. M. (2011). Principles for the scientific breeding of Nguni cattle. In: M. M. Scholtz, W. Gertenbach & G. Hallowell (Eds.). *The Nguni breed of cattle: Past, present and future* (pp. 49–56). Bloemfontein: The Nguni Cattle Breeders' Society.

Scholtz, M. M., Spickett, A. M., Lombard, P. E., & Enslin, C. B. (1991). The effect of tick infestation on the productivity of cows of three breeds of cattle. *Onderstepoort Journal of Veterinary Research, (58)*, 71–74.

Sherzer, Joel & Woodbury, Antony C. (1987). Introduction. In Antony Joel Sherzer and Antony C. Woodbury (Eds.). *Native American Discourse: Poetics and Rhetoric*. (pp. 1 – 16). Cambridge: Cambridge University Press

Silvester, J., & Gewald, J-B. (2003). *Words Cannot Be Found. German Colonial Rule in Namibia: An Annotated Reprint of the 1918 Blue Book*. Leiden: Brill.

Smyth, W. S. (2017). *Architecture of Pastoral Communities: Evidence of Cultural Convergence?* (Unpublished bachelor's thesis). Tucson: University of Arizona.

Spickett, A. M., & Scholtz, M. M. (1985). Research on tick resistance of European and indigenous cattle under minimal control conditions. *Onderstepoort Veterinary Research Institute Newsletter, 17*.

Talavera, P., Katjimune, J., Mbinga, A., Vermeulen, C., & Mouton, G. (2000). *Farming Systems in Kunene North – A Resource Book*. Windhoek: Ministry of Agriculture, Water and Rural Development.

Van de Pypekamp, H. E. (2013). *Nguni Cattle: Breed Characteristics and Functional Efficiency*. Cape Town: *Landbou Weekblad* in collaboration with Afrivet Training Services.

Vedder, H. (1928). The Herero. In L. Fourie, Hahn, C. H., & Vedder, H. (Eds.). *The Native Tribes of South West Africa*. (pp. 153–211). Cape Town: Cape Times Ltd.

Vedder, H. (1934). *Das Alte Südwestafrika*. Berlin: Martin Warneck Verlag.

Vedder, H. (1966). *South West Africa in Early Times*. London: Frank Cass & Co. New Impression.

Viehe, G. (1897). *Grammatik des Otjiherero nebst Wörterbuch. (Lehrbücher des Seminar für orientalische Sprachen zu Berlin, 16*. Stuttgart/Berlin: W. Spemann.

Viehe, G. (1902). Die Omaanda und Otuzo der Ovaherero. *Mitteilungen des Seminars für Orientalische Sprachen zu Berlin* 5 (Abt. 3), 107–17.

Vivelo, F. (1977). *The Herero of Western Botswana: Aspects of Change in a Group of Bantu-Speaking Cattle Herders*. St. Paul: West Publishing Co.